国家社科基金项目"当代中原作家群资料整理与研究"成果
河南省哲学社会科学基础研究重大项目"中原作家群资料库建设"成果
本成果出版得到淮河文明研究中心资助

中原作家群研究资料丛刊（第二辑）

吴圣刚　沈文慧　主编

ZHOU TONGBIN YANJIU
周同宾研究

吕东亮　梁玉洁　编著

河南大学出版社
HENAN UNIVERSITY PRESS

·郑州·

图书在版编目(CIP)数据

周同宾研究 / 吕东亮,梁玉洁编著. — 郑州：河南大学出版社,2017.3

ISBN 978-7-5649-2774-5

Ⅰ.①周… Ⅱ.①吕…②梁… Ⅲ.①周同宾—文学研究 Ⅳ.①I206.7

中国版本图书馆 CIP 数据核字(2017)第 068531 号

出 版 人	张云鹏
出版统筹	侯若愚
责任编辑	董庆超
责任校对	胡凤杰
封面设计	侯一言

出　　版	河南大学出版社
地　　址	郑州市郑东新区商务外环中华大厦2401室
电　　话	0371—60993151（人文社科出版分社）
	0371—86059753
网　　址	www.hupress.com
印　　刷	河南瑞之光印刷股份有限公司
版　　次	2017年7月第1版
印　　次	2017年7月第1次印刷
开　　本	710mm×1000mm　1/16
印　　张	11.75
字　　数	217千字
定　　价	42.00元

本书如有印装质量问题,请与河南大学出版社营销部联系调换。

编选说明

"中原作家群研究资料丛刊"第二辑的编选是在第一辑的基础上进行的,其体例和编著方式也是相同的。第二辑的编著花费时间将近一年,编著者投入的精力也是较为可观的,因为丛书绝不仅仅是已有研究成果的简单整合。首先,编著者必须通读该作家的所有作品,包括文学作品、演讲报告、论文等,形成对作家作品的感性认识及理性判断,这是编著作家研究资料的基础和前提。其次是收集研究资料,编著者通过期刊、报纸、著作、网络、访谈作家本人及其亲友故交等各种途径获取材料,尽可能做到细针密缕的程度。最耗时、最费力的工作是资料的甄别、遴选和整理,它体现了编著者的眼光和学养,决定了研究资料的学术品质。典型性、历史性、多元性是编著者选文的基本原则,每册研究资料的编著都力求能够展现作家的全部创作活动状况,研究论文选辑则兼顾专家批评和新锐批评,呈现不同时期的文学生态和文化场域。总之,整个编著过程没有捷径可走,编著者花费的多是笨功夫、苦功夫。尽管如此,丛书中的疏漏之处也肯定不少,恳请专家学者不吝指正。

每册研究资料主要分为四个部分,即"自述・访谈・印象记""研究论文选辑""作品年表""研究资料索引"。"研究论文选辑"以时间为线索,以"问题"为中心,先总论、后分论,同一"问题"相对集中,体现逻辑性和层次感,并努力体现作家作品研究的历史进程。对入选的文章,为了出版上的便利,做统一技术处理,删减了摘要、关键词,注释一律改为脚注;出于保存历史氛围的考虑,编著整理中除对一些明显的文字和标点符号的疏误做订正外,其他方面包括注释的不完整、不规范,词语使用的不当等,一律保持原貌。"作品年表"部分按时间顺序排列整理收录,截止时间为2015年12月。作家的作品只列出作品的首发、首印时间,其再版、转载情况不再列入年表,海外翻译版本尽可能列入年表。期刊、著作均按年、月排序,报纸具体到日期。重要散文、发表的重要演讲等列入作品年表,但作家编辑的书目、研究资料等均不列入。"研究资料索引"包括单篇学术论文索引、学位论文索引、研究专著索引三部分,截止时间同样为 2015 年 12 月,均按刊发或出版的时间先后顺序编排。

  需要说明的是,由于各种原因,编委会没能与被选用论文的作者一一取得联系,丛书出版后,将赠送样书,以示歉意和谢意!且本丛书仅用于学术研究而非商业目的,想学界同人亦能理解支持,在此真诚致谢!如需稿费,请与编委会联系。

编委会
2017.3.31

总　序

程光炜　吴圣刚

新时期以来，中国当代文学呈现为多样、多态发展的趋势。在当代文学的版图中，"文学豫军"或"中原作家群"早已成为中国当代文学的重要现象和重要构成。之所以称之为"文学豫军"或"中原作家群"，是因为它呈现出群体性，是一个集合的概念。但是，这绝不意味着这个群体中的个体是孱弱的，没有独立呈现的分量。相反，正是一个个有分量的个体组成了一个有广泛影响的作家群体：姚雪垠、魏巍、李准、叶楠、白桦、苏金伞、宗璞、张一弓、南丁、田中禾、张宇、郑彦英、李佩甫、二月河、周同宾、刘震云、阎连科、周大新、刘庆邦、李洱、柳建伟、孙方友、墨白、邵丽、乔叶、计文君等，每位作家都有不凡的创作业绩，每个人都有自己的独特之处，都是文学中的"这一个"。

地处中原的河南，在当代中国政治、经济版图上不是核心地带，但在历史、文化地理图上却是积淀深厚的重镇。这里也在接受全球化的荡涤，也在搭载现代化的快车，但这里与中国当下的经济前沿存在着距离，呈现着现代化的滞后性。因此，河南在时代的节奏中存在着"时间差"。这使得中州大地在现代化的浪潮中还氤氲着农业文明、历史文化的气息，也使得中原儿女在这种相对的"慢节奏"中对历史、现实和文化进行思考，精神和灵魂回归这片土地，并以中原文化的思维方式进行着多种表达。走进历史、走进中原文化是豫籍作家的共同选择。无论是身居河南的作家，还是移居他乡的作家，他们的灵魂仍然栖居在家乡故土，并用他们敏感的触角细腻地联系和感受着中原文化，中原文化是他们精神发生的原点，河南历史和家乡生活是他们创作的源泉。对于这些河南作家来说，似乎只有这片故土和其中的点点滴滴才能够激活创作的灵性。正如阎连科所说："我家住在一个镇子上，那是一个很大的村庄。那个村庄是我写作取之不尽的生活源泉、情感源泉、想象的源泉。一句话，是我写作的一切的灵感之源。那个镇子奇妙无比，任何现实中的一件事情都可能是荒诞的、合理的。"正是在这种表达中，作家们完成了自己的一个个皇皇巨篇，成就了当代河南文学的气象大观。

"中原作家群"不仅是河南的文学现象，也是全国的文学现象；产生于中原大地的河南文学，早已超越了这一区域空间。姚雪垠、魏巍、李准的作品在中国当代文学史上占有重要分量，二月河的作品红遍全国，阎连科、李洱的作品传播域外，在九届茅盾文学奖四十余位获奖作家中，豫籍作家有八位，都说明豫籍作家的作品是全国性的，也具有世界性的分量。这足以构成河南自己的文学史。关于河南文学和"中原作家群"研究，近十年来，随着作家作品的动态性呈现，更多表现为个案化的文学研究，而当代河南文学的整体性、系统性研究则不够。这一方面与河南的经济实力及其对文化提升、带动能力的不足有关，另一方面也与学界、文学界对河南文学在当下中国文化地理学上的地位认识不足有关，特别是与本土学界的研究、推介的成绩有关。弥补这一不足，是一项浩繁的工作。但起步必须从基础开始。

资料整理无疑是学术研究中最基础性的工作。学术界目前关于河南作家的研究资料，主要是 20 世纪 80 年代出版的《李准研究资料》《姚雪垠研究资料》等有限的几种。相关研究主要体现在三个方面：一是关于"文学豫军""中原作家群"正当性和合理性的阐述，这方面的研究成果主要有孙荪的《文学豫军论》等，该文系统性地评述了"文学豫军"的由来、构成及文化特征；二是"中原作家群"形成的历史文化原因以及具体作家作品的研究。刘增杰主编的《精神中原》以论文集的形式综合了学界对于中原作家群整体把握和作家研究的成果；张鸿声主编的《河南文学史·当代卷》则是系统描述当代河南文学发展的第一部史著；梁鸿的《外省笔记：20 世纪河南文学》以"外省"的视角考察河南文学，从文化的角度寻觅和审视河南文学；何弘的《超越还是重复——中原文学论稿》试图对"中原作家群"或中原文学做出一个整体性的描述。这些研究对于解说一种文学现象的发生、发展是必要的，但都是初步的，特别是对"中原作家群"形成的历史文化原因和整体性特征的研究，远未形成对"中原作家群"完整的、核心的解说，更没有评估、揭示出"中原作家群"的应有价值。因此，就需要有人真正深入下去，沉入到纷繁的资料中去，耐心、细密地梳理，把那些能够反映和体现作家创作实绩、作品价值和当代河南文学整体面貌的资料整理出来，形成完整、系统的当代河南文学的资料体系，为文学史的生成奠定坚实的基础。

信阳师范学院文学院的一些老师近年来致力于河南文学研究，逐渐形成了自己的方向和领域，引起了学界的关注。作为一所本土的有长期人文积淀的高校，研究河南文学、推动河南文学发展是应有的责任。2013 年起，文学院整合文艺学、现当代文学和写作学等学科的十几位教授、博士组成研究团队，集中开展当代河南文学研究，并在此基础上，建立了"当代河南文学发展与中原文化建设"协同创新中心，把当代河南文学研究与中原文化建设纳入统一视野，研究的空间更加广阔。这个团队以博士为主，中青年结合，队伍整齐，潜力很大。他们首先从资料整理开始，扎扎实实开展研究工作。第一批选取"中原作家群"中影响最大、创作力仍然旺盛的十五位作家,经过近一年的努力,整理出《白桦研究》(陶广学讲师)、《张一弓研究》(吕东亮副教授)、《田中禾研究》(徐洪军讲师)、《张宇研究》(杨文臣讲师)、《李佩甫研究》(樊会芹讲师)、《二月河研究》(吴圣刚教授)、《刘震云研究》(禹权恒讲师)、《阎连科研究》(方志红副教授)、《周大新研究》(沈文慧教授)、《刘庆邦研究》(杜昆讲师)、《李洱研究》(王雨海教授)、《墨白研究》(杨文臣讲师)、《邵丽、乔叶、计文君研究》(李群副教授)十三卷,2015年5月,已由河南大学出版社出版。资料选编力求翔实、准确、有代表性,中国现代文学馆将其作为当代文学研究的重要著作,永久性收藏入馆。《人民日报》、《光明日报》、《中国青年报》、《中华读书报》、新华网、搜狐网、新浪网等国内主流媒体相继进行了介绍和报道,在文学界和学术界产生了广泛的影响。

第一辑告罄之后,团队立即启动第二辑的编著工作,又经过一年的努力,整理出了《姚雪垠研究》(禹权恒讲师)、《李准研究》(王雨海教授)、《魏巍研究》(刘家民博士)、《叶楠研究》(陶广学博士)、《苏金伞研究》(樊会芹讲师)、《宗璞研究》(徐洪军讲师)、《周同宾研究》(吕东亮副教授)、《柳建伟研究》(王丹副教授)、《孙方友研究》(杨文臣讲师)、《乔典运研究》(王海涛教授)十卷,目标是把"中原作家群"主要作家的资料完整、系统地拓展出来,真正为当代河南文学的深化研究做些基础性的工作。

由于编选者的眼界、学识、水平有限,疏漏、不足,甚至差错定然存在,敬请学界批评指正。

目 录

自述·访谈·印象记

3	周同宾	我的文学路——往事八章
18	周同宾	我的"处女作"
20	周同宾	我的三部曲
23	周同宾	平凡人生与平凡文章
25	周同宾	《周同宾散文自选集》自序
27	周同宾	《古典的原野》自序
29	周同宾	在河南文学院讲散文
39	周同宾	忘不了父老乡亲——就《皇天后土：俺是农民》答记者问
42	周同宾	有关文学的答问
46	周同宾	答阿根廷友人墨乔先生问
50	周同宾	文学亦是"心学"——答评论家孙晓磊问
54	吕东亮 梁玉洁	为中原乡土招魂——周同宾访谈录
64	陆 静	文路迢迢四十载——近访"鲁迅文学奖"得主周同宾

研究论文选辑

71	贾平凹	《周同宾散文集》序
73	王志尧	写不尽的家乡情——浅谈周同宾同志的散文《乡情》及其它
80	孙 荪	同宾，真的醉了你？！
85	白万献 张书恒	平淡之中见瑰奇——周同宾散文创作研讨会纪实
93	徐亚东	乡土的守望与歌哭——周同宾乡土散文创作论
99	孙春旻	倾听百姓话语——周同宾和他的《皇天后土》
102	杨平治	读懂中国先要读懂农民——《周同宾散文》印象
105	孙 荪	对永恒的赞歌——读周同宾的《天籁》
107	陈继会 徐亚东	乡土的执著与超越——论南阳作家群的散文创作
118	刘书营	"写诗"、"写实"与"写史"——论周同宾散文创作的思想流变
125	彭学明	中原大地上的散文风貌与风骨

131　孙晓磊　周同宾乡土文学的精神指向
144　刘锡庆　关于周同宾——《中国散文通史·当代卷》中关于周同宾的论述
146　袁栋洋　用"真"唱给农民一曲绵绵的歌——论周同宾散文

作品年表

153　周同宾作品年表

研究资料索引

169　周同宾研究资料索引

173　后记

自述 · 访谈 · 印象记

我的文学路
——往事八章

周同宾

有关方面要编一部研究"南阳作家群"的书,约我和我的同行都写一篇述说自己"创作道路"的东西,催稿甚急。于是,不得不停下刚刚做了半篇的文章,不得不把思绪扯向岁月深处,回首往事,再认前尘,寻觅那行断断续续歪歪斜斜的足迹。虽然,仿佛还不到为一生算总账的时候;虽然,回忆起来,多的是苦涩,少的是温馨,如一个旅行者回望来路多有曲曲折折,少有平平顺顺。汪曾祺有一篇回忆文章,题目竟是两句唐诗——"却顾所来径,苍苍横翠微",硬是把那么多坎坎坷坷都融进了葱茏诗意之中。我修炼不到那个高境界,想起过去不禁想起了元曲中的一句:"重回首往事堪嗟"……

一、作家梦

出身农家,家境贫寒。童年,固然听奶奶讲过民间故事,听外婆念过传统儿歌,却从未接触过印在纸上的文学作品,家中除了燃火做饭的纸媒儿,别无其他纸制品。直到升入中学,才知道在课本之外还有文学书。中学在南阳县一中(现社旗县一中)上,初中而高中。初中时,爱画画,爱得挚切,曾当美术课代表(那是我学生时代当过的唯一的"官"),理想是当画家。曾向大画家蒋兆和写信求教,蒋兆和回信称我为"周同宾小朋友",说了很多鼓励的话。初中毕业时,画家梦破灭(曾写过一篇《画的梦》记述其原委)。进入高中,移情别恋,爱上了文学。为啥爱上,自己也说不清原因。或许,爱是讲不出道理的,也不必讲道理。一爱就爱得痴迷。痴迷中,做起了作家梦。点灯熬油,拼命读书;古今中外,长中短篇,都读。课堂上也偷看课外书,常被同学告发,常挨老师批评。我算不上好学生,数、理、化只维持 3 分,语文、英语一直考 5 分(那时学苏联,实行 5 分制,3 分是及格,5 分是满分)。所以努力学英语,是为了将来读英语文学原著。教英语的老师说过,雪莱的《西风歌》(也有译为《西风颂》)原文妙极,经郭沫若一译,诗美失去十分之九;尽管他是高手,却也毫无办法。直到毕业前夕,为了考大学,数学成绩才上去——这是后话。那时记性好,读罢能记住。郭沫若的诗集《瓶》(收42首爱情诗),读了多遍,能背下来。边读边写,主要是写诗,有时,一天能写十余首。诗是两类:一是民歌体,多为七言四句;一是自由体,句子大体整齐(那时诗坛上无"朦胧诗"这种时髦形式)。决心当诗人,先在诗中以"诗人"自居了。记得在《月夜》一诗中,就有"盛唐时,月亮对李白最亲;到如今,月亮仍爱少年诗人"之类的句子,可见其自视甚高,写罢就往外寄。那时投稿,不贴邮票,随便用张纸糊个信封就行。初生牛犊,力小胆壮,稿子直寄往全国大小报刊。那时的编辑都很负责,不用的稿子都退,常附亲笔信提出意见,信末只署"编辑部",从未见人名(那时似无"责任编辑"一语,作者无法知道也不必知道编辑是谁)。1964年《奔流》第5期刊登了我的《散文二题》。20年后才知道是徐慎编发的——这也是后话了。寄出的稿子和退回的稿子几乎同样多。屡投不中,并不气馁。同学讪笑,并不管他,照写照寄,热情如故。直到1958年高中二年级时,才有一首4行28个字的诗登在《南阳日报》上(关于那篇"处女作"发表前后的情况,曾写有《蓦然回首》一文,收入拙著《唱给文学的恋歌》。第一篇好似散文的东西,题目是《茶水秘密》,是写"大跃进"中的好人好事的,也发表在1958年11月30日的《南阳日报》上)。那年,被评为模范通讯员,奖品是两本稿纸、一个纸烟盒那么大的硬皮采访本。当时的高兴胜过如今得了几千元奖金的大奖……

那些年,最崇拜两个人,一个是郭沫若,一个是刘绍棠。高山仰止,可望而不可即;刘仿佛近在眼前,足堪效法。幻想中,自己也会像那位"神童"一样一下子崭露头角,名满天下。

作家梦正酣,想不到风云突变,只顾傻乎乎地读呀写呀,不知道马上就大祸临头。

二、《萌芽》

1956年秋,高中一年级,几个爱好文学的同学一商量,发起成立了萌芽文学社。取名萌芽,自有终将长成大树的寓意。有点儿才气的年轻人总是自负的,得到老师的支持,在校园的一块颇大的黑板上,办起了《萌芽》壁报,发表我们的诗文。壁报在全校很有影响,每次刊出,都引来成群的师生,边看边赞叹,便有不少其他年级的同学要求入社。一时间,我们几个骨干分子在全校都颇有名气。壁报出了十几期,热劲儿一过,停了。转眼到了1957年春天,不知为何又来了劲儿,又出。复刊的第一期上,登了篇《前面的话》,是李庚辰(即现在供职于解放军报社的杂文家李庚辰)写的,内中有个意思说,去年冬天,气候寒冷,不宜萌芽生长,所以壁报停刊。现在春天来了,春阳和煦,春风骀荡,宜于萌芽生长,所以,《萌芽》复刊了。不久,社会上开始反右派,这个意思被学生干部认定为"右派言论"。于是,在校领导的支持下,以校团委、学生会的名义出板报批判。我们几个竟然不服气,不认输,壁报照旧出,而且发表文章一再辩解、反击。两军对垒,十分热闹。同学们大都同情我们。那几个学生干部,品质十分卑劣,学习一塌糊涂,批判文章写得狗屁不通,却得到校领导的信任,因为他们会整人,整学生,也整老师。《萌芽》被迫停刊,我们的事情却远远没完。不久,开始了"红专大辩论",我们几个理所当然地成了"白专"典型,一个个被"辩论"——"辩论"本来是不及物动词,大概从那时起,成了及物动词,辩论谁就是批判或斗争谁。那几个整人者却毫不羞涩地成了"又红又专"好学生。他们如果晚生 10 年,都有资格当"白卷英雄"张铁生。现在回想,那班丑类下死劲整我们,除了要在政治上捞取好处外,还缘于阴暗的嫉妒心理,因为我们确实比他们优秀。紧接着,来了个"交心运动",硬逼我们交出"反动思想"。我们不得不违心地承认自己反对"农业合作化"、反对"三面红旗"什么的。承认罢就开始批斗,批斗罢立即处理。我生性软弱,吓得要死,认罪态度较好,再加上家庭出身不坏,得以继续上学。李庚辰脾气拗,并不低头认罪,被开除学籍,遣送还乡(直到 60 年代初才平反,而后参军)。同时开除的还有 7 位同学。那时,我们都是十几岁的娃娃,萌芽刚出土,就被摧折,作家梦成了一场噩梦。文学这个灰姑娘,可不是好爱的;一心苦恋她,她没带来福,却先带来祸。那一学期,我的思想政治是 3 分,3 分意味着退学警告。3 分并不是政治课的考试成绩,而是学校根据"政治表现"给定的。直到毕业,政治仍是 3 分。同班的其他同学,几乎全是 5 分。那是个"政治挂帅"的年代,"政治"好,一俊遮百丑;"政治"差,一切都完蛋。这就影响到高考。原本一门心思要考进名牌大学的中文系,而且卷面成绩确实不错,想不到决定录取的不是考分,而是"政治",是学校在考生鉴定表上填写的比"不可录取"稍胜一筹的"酌情录取"四个字。结果,我被录取到一所自己最不愿上的专科学校(当时一共报 24 个志愿,该校是最后一个)。而那几个整人成绩卓著、学习成绩糟糕的学生,则都进了很好的大学。那年是"持续跃进"的一年,高中毕业生除了出身地主、富农的,全都升学(出身不好,即使门门考满分,也必落榜)。事情就是这么荒唐。荒唐的年代充满荒唐事,人的命运只能听凭荒唐摆布。这一切,如今的年轻人一定很难理解,他们或许会以为我说的是神话或者鬼话。这番遭际,第一次告诉我,文学的路不是好走的。路上坑坑洼洼,一上路,就要摔跟头。路上有鲜花,还有更多的荆棘;有阳光,还有更多的风雨;有快乐,还有更多的麻烦,甚至苦难。

三、从写诗到写散文

  高考失意,沮丧至极,但作家梦仍在继续。文学这东西,最能勾人魂魄,一旦爱上它,终生难脱离。尽管吃了它的亏,还要苦苦追求它。

  在那所专科学校上学时,正值饥馑年代。功课不重,闲时间很多。为了把注意力从肚子引开,正好埋头读书。四厚册的《战争与和平》就是那时读的。百余万字的《静静的顿河》,打发了好几个长长的下午。《红楼梦》读了三遍,《红楼梦》里的诗词全部抄下,一首首读到会背诵。学校在南阳卧龙岗上,不远就是武侯祠。全民都正挨饿,几乎没有游人,森森古柏遮掩一个静悄悄的所在。我常去那里读书,那里也真宜于读书。因为常去,道人也熟了,曾给我讲解嵌于壁间的《出师表》刻石。当时,作过一首诗,现在还记得:

  诸葛庐畔草萋萋,

  抱膝石边苔沾衣。

  半日读书清寂里,

  唐诗堪救腹中饥。

  吃不饱饭,饿不断诗思。饥肠辘辘,胸中常有诗情涌动。几乎每天写诗。课堂上,老师讲授季摩菲耶夫枯燥的《文学概论》,我照旧沉浸在诗的构思中。诗有两类:一是吟唱爱情,虽然生活中并没有爱情;一是讴歌大好形势,虽然已经饿殍遍野。写了就往报刊寄。寄出的很多,发表的很少;怕退稿太多,同学看见难堪,寄稿时特附信说明"如不采用,请勿退还"。每发表一首,都激动多日,依稀觉着正一步步走近理想。有一次,两首诗换得八元稿费,心里高兴,便约两个亲密的同学去黑市上饱餐一顿热红薯。

  1961年7月毕业,被分配到一所乡村中学教书。学校在白河岸边,离汉光武刘秀的"白水村"不远,青杨环绕,屋舍俨然,好似世外桃源。我喜欢那地方,也热爱教育工作,而且认定,在平静的校园里可以实现作家梦。自认为是个好教师,语文课教得生动活泼,颇得学生拥戴。教务之余,坚持写作,常常点灯熬油到深夜。那时,煤油限量,每个老师每周只给一灯油。为了节省,斟酌词句时就把灯焰拧得极小(不敢熄灭,因为火柴每月只供给一盒),需要写出时,才拧大。主要是写诗。当时最喜欢的诗人是郭小川和闻捷,就努力模仿他们。也写张志民那种民歌体的自由诗。渐渐发觉,很多意思无法用诗表达,就写起了散文。诸种文学样式中,诗与散文最近。不少优秀的诗人也是优秀的散文家,何其芳如此,徐志摩也如此。我的诗写得很多,发表的很少;我的散文写得较少,发表的较多。渐渐意识到，自己不是诗人的料儿，即使呕尽心血，终也难成气候。于是，不再写诗（偶尔写写，只是写给自己看，不再寄给报刊），专写散文了。死了当诗人的心，并没有割断对诗的爱，不再写，却常读，直至今天，仍然如此。青年人的"朦胧诗"，不少人说坏话，我倒时不时地拿来揣摩，目的是想探探内中到底有多深的水。

当时文坛，两个散文大家，南秦牧、北杨朔，双峰耸峙，令人景仰。秦牧散文，知识性强，不好效法（如今回头看，秦文中的知识并不高深，甚至相当肤浅，当时觉着他渊博得了不得），就专学杨朔散文。杨朔的代表作都是托物言志，以物喻人，有一定的套路，可操作性强，所以比较容易学。很多人学杨朔，一时间，杨式散文充斥大小报刊。"形散神不散"那句著名的话就是根据杨式散文的创作实践总结出来的。到"文革"开始，我已在多家报刊发表散文近四十篇，如刊登于《河南日报》1964年1月9日的《爷爷的手》、《奔流》1965年第5期的《散文二题》，都不脱杨式散文窠臼。如果说那些东西还有若干可取处，那就是文中还有若干来自生活深处的土滋味、泥气息。那时的作品都是为政治服务的。怎也想不到，一心为政治服务，最终被政治整了，整得好惨。

四、写检查

"文化大革命"一声炮响，校园立时失去平静，一下子乱了，乱成一团麻。开初，并没有人找我的事，我也意识不到会挨整，只觉着自己也是专革别人命的革命派呢。殊不料，6月初，《人民日报》社论《横扫一切牛鬼蛇神》发表不久，我就被"革命师生"揪出，罪名是"新兴资产阶级分子"，根据是有成名成家思想。紧接着，被迫交出了文稿、剪报和18册日记。这就为整人者提供了更充分的材料。他们从中指出一些话语，断章取义，肆意歪曲，顷刻间都成了反动言论。我的罪名也就升格为"三反分子"（"三反"即"反党、反社会主义、反毛泽东思想"）。关于我的大字报一下子糊满了三面山墙，而且三天一换，并配了漫画，画一个笑嘻嘻的我，我的藏在背后的手中握一把尖刀。最羞的是，那些抒写内心隐秘永不打算示人的爱情诗，作为"腐朽的资产阶级思想"的例证，被一一公之于众。我无地自容，没脸见人，生怕碰上曾经尊重我甚至崇拜我的学生。想到死，因念及远在天边的父母、刚刚开始的人生，才没寻死。不久，全县教师集中到南阳搞运动，继续揭发，连我在某日傍晚对一个同事说的"天快黑了"，也作为"污蔑新社会天黑"被揭发出来。接着是批斗，由教师中的积极分子和学生代表批斗，场面不大，气势很凶。说我啥，我都承认，为的换得一个"态度好"。批斗后，写检查。为了把我们这些被揪出的"黑帮"和革命群众分开,每日由"红卫兵"把我们押到公园,席地而坐写检查。公园已荒废,只有杂草野树,绝无游人。用那支写诗写散文的笔写检查,无异于自己用刀向自己心上戳。我羡慕地上的蚂蚁、草间的野蜂,我没有它们自由。我羡慕大街上走过的拉粪挑尿的农民,我远远不如他们。9月初回校,回校前,红卫兵用杨树的枝条为每个"黑帮"做一顶丈余高的高帽子,为的是让"黑帮"们带着人人皆可唾骂作践的耻辱回到校园,走到学生面前。幸好因为帽子过于高大,汽车装不下,我们才免受一场额外的苦。回校后就是大批大斗。我第一个挨斗。那是在学校大礼堂,全校千余名师生参加,单那声势就几乎把我吓死。当会议的主持者猛吼一声"把三反分子周同宾拉上来",在震天价响的口号声中我被两个戴红袖章的学生跑步架进会场的时候,我明显地感到自己是一只拉进屠场的羊,不禁觳觫不已。批斗会是一场猛烈轰炸。我想哭,不敢哭。我很委屈,不敢辩解。我只能低头认罪。不记得挨过几次批斗。批斗的间歇,在红卫兵的监管下,坐"牛棚"写检查,没完没了地写。依文体而论,检查也属广义的散文,这种散文写起来却心酸难受。首先得认定自己反动,同时须用形式逻辑的方法,论述自己何以反动,最终要归结到"妄图复辟资本主义,颠覆无产阶级专政"上。实际是自己挖空心思糟蹋自己,千方百计痛骂自己。虽然糟蹋成十恶不赦,痛骂得狗血喷头,检查总是不能通过,总说没有触及灵魂。不得不反反复复写,越写越长越细。用16开稿纸写的检查,摞起来足有尺余高,不下百万言,百万言只说了一个简单意思:"我坏极"。现在想,写检查也有好处,起码使我在没日没夜的批斗中不致荒疏了文字、衰退了语言表达能力。到秋后,运动已经疲软,"大方向"已经转移,我和其他"黑帮"就被押解到农村劳动改造,等候处理。

那一年,我25岁,作家梦彻底破灭。为了文学,付出了一腔心血,十载青春,收获的却是委屈、耻辱和难卜吉凶的前途。热恋文学一场,到头来竟落得这般下场。欲哭无泪……

五、编小报与写材料

押解我的两个"红卫兵",好似董超、薛霸,虽没拿水火棍,却戴有红袖章,红袖章比水火棍厉害。一路上,他俩趾高气扬,我则低头弓背。在萧瑟秋风中,走了十里,来到一个叫邓桥的村子,把我交给大队公安员。公安员是管对敌专政的,我是"敌人",理应由他管。公安员先训斥我一顿,说些诸如"不许乱说乱动"之类的恶话,而后,送我去一户贫农家,向一间苫草的低矮厢房一指,说:"你往这儿。"屋内放一口没有油漆的棺材,几件农具,还有一堆柴草。我把柴草扒出一些铺在地上,放上了行李(想越王勾践卧薪尝胆时的床铺也不过如此)。席地而卧,长夜无眠,听老鼠在棺材上通宵跳踉,心中好不是滋味。第二天,出工干活,平整土地。公安员责令我和五个"四类分子"一块儿干,和"革命群众"隔一段不短的距离,以示敌我分明。那五个都戴白袖章,上写"地主分子"、"富农分子"什么的,见我加入他们的队伍,皆面有喜色,似表示欢迎。……在那里干重活,饿肚子,挨批斗,忧郁中等待运动后期的处理(最怕的是被开除公职,流放远乡,如当年对待"右派"那样)。等待中,秋叶落,冬雪飘,春草发。关于那段生活,我写过《魂断黄叶村》、《忆一场大雪》、《窑场纪事》、《饭事三忆》等散文,写出的仅是很小一部分。

1967年春寒料峭的时候,我和其他"黑帮"突然被"解放",原因是我们是群众,不是当权派,运动的大方向是整"走资本主义道路的当权派"。也就是说,不是你没问题,而是你不当权,现在先不收拾你。因此,人解放而心没解放,深怕秋后算账。"文革"的形势波诡云谲,谁知道日后会有什么部署。发还了日记和文稿,我托一位学生保管,目的是一旦秋后算账,可以一一查证。我坚信我写的东西中充其量只有资产阶级思想,决不反动。我自己所以不保管,一来因为不想再见到,一看见,就难受,正是那些东西,给我惹了祸,把我折腾得蜕了几层皮。二来怕再整我的时候,说我做贼心虚,涂改"罪证"。直到多年以后,尘埃落定,是非渐明,我才把那十八本日记、一撂子文稿要回,一把火烧了,"文革"前的十载心血、"文革"中的万千屈辱,顷刻间,化作一缕青烟、一堆灰烬。

天下大乱,狼烟四起,我不知道自己的结局。

1968年3月,地区"抓革命促生产一线指挥部"(当时的最高领导机关)政工组一纸公函调我去编报。那是本地区最大的"造反派"组织的一份小报,每周一张,邮局发行。所以让我去,一来我算是受到刘少奇的"资产阶级反动路线"的迫害,二来我能写两下子。我去时,报纸已出40多期,在群众中颇有影响。所谓影响,不过是为"文化大革命"摇旗呐喊、推波助澜而已。编辑部在一座领导机关的办公大楼里。过去,门口有岗哨,一般人很难入内。如今,已无人办公,楼道里垃圾成堆,一片狼藉。领导干部和工作人员,都"斗批改"了。偌大一座楼,白天少有人迹,夜晚灯火稀疏。社会上你争我夺,文斗武斗,闹成了一锅粥,这里却相对平静,好似台风眼。对于我来说,能在这里有一桌一椅一床,苟全性命于乱世,而且能平心静气地和语言文字打交道,可谓得其所哉。编辑部只三两个人,并没有"主编"、"副主编"什么的,编、校、发行,大家一起干。这种报纸好编,除刊登诸如《毛主席论造反有理》、《毛主席论抓叛徒特务》的语录及"最新指示"外,主要是编发讲话,从"无产阶级司令部"的讲话,到省、地"革命领导干部"中的头面人物的讲话。稿子大都采自北京、上海及省城的小报和从各地寄来的传单。也自己写文章,堂而皇之地发表"社论",满腔义愤地以"本报评论员"名义痛骂"走资派",攻击对立面。那一切,如今看来,纯属胡闹,当时却严肃认真,神圣得可以。我干得很努力,努力为"极左"路线效劳。"文革"害得我好苦,我却甘愿为"文革"鼓吹。史无前例的"大革命",把人都拨弄得不是他自己了。只是到了夜里,总感精神空虚,心田荒凉,百无聊赖中取出一本劫余的《苏曼殊全集》,念几首诗词,读几页文言小说,特别感到舒服、滋润。或许只在这时候,我才又是自然自在的人。这也证明,文学之火在我内心深处并未熄灭。有两件事,对我刺激甚大,不可不记。一件是,有一期报纸头版头条发表《纪登奎同志的讲话》,核桃那么大的二特老宋字通栏标题。我在印刷厂校对、批清样,直到午夜。上机开印后,又坐校对室等,等印出几百份后带回编辑部交给报贩去卖。当我拿到报纸,正要走,无意中看一眼,蓦地发现纪登奎的"奎"字竟然是"套"!这还了得,纪是"毛主席的老朋友",响当当的"革命领导干部",怎么成了"纪登套"!顿时紧张至极,肯定要闯祸。工人们一看,却都哈哈大笑起来,似乎并没有当成大事,我才稍稍放心。那时是活字印刷,当即把"套"夹出,再嵌进"奎"字,就完事了。事后,大家只当作笑话说,并没有追究我的责任。第二件事就厉害了。有天晚上,刚刚翻开《苏曼殊全集》,冷不丁地,有人通知我马上去印刷厂。我一进车间,见工人、车间负责人、工厂负责人、"一线指挥部"政工组的负责人都在,一个个表情严肃,如临大敌。那位掌权不久的工厂负责人先劈头盖脸痛斥我一顿,而后指着报纸的一篇长文中的一句让我看,我赫然看出这个"主语—谓语—宾语"结构的句子的宾语竟是"刘少奇的资产阶级革命路线"!真如五雷轰顶,一下子吓酥了。在当时,这是极其严重的政治事件。多少人就因为喊错一句口号而被打成反革命,游街示众,甚至锒铛入狱。这么明显的差错我竟然没有校出。事已如此,无从辩解,我突然失去自持,抱头大哭起来,哭得五内俱裂。哭,主要是害怕,其次是委屈。那时候,"无产阶级"、"资产阶级"、"革命路线"、"反动路线"之类的词语使用频率极高,每篇稿子都十几次、几十次出现。字架上摆的就是凑成的词话,不是单个的字。工人捡字时,伸手就摸出一个词或者短语。因为用得频繁,精神容易疲劳,就有可能摸错。校对时,"无产阶级"、"资产阶级"、"革命路线"、"反动路线"纷至沓来,一个人在短时间内连续看四个版,弄得头晕眼花,焉能不出错?我一哭,他们竟宽恕了我,不再说恶话,反倒安慰我。为此事,我惴惴不安许久,生怕有人再次提及,吃不了兜着走。

到这年年底,"组织"已作鸟兽散,报纸自然关张,我这个编辑也就卷铺盖了。那段"劣迹",对我后半生影响不小,实非始料所及。此乃题外话,不说也罢。

还是缘于能写两下子,不久,我被弄到一个写作班子写材料。写得最多的是"活学活用毛主席著作积极分子"材料。那一阵,正时兴组织这类积极分子到处作报告,当时的术语叫讲用。讲用者都不会写,就需要写家代庖。写这种东西的诀窍,一个是尽量曲折,明明一个简单事,也要写出复杂的思想斗争;一个是尽力拔高,一件小小的好事,也要提升到"支援世界革命"、"解放全人类"的高度,也就是说,必须会编,讲用者有一分,要编到十分。只要时时记住引用"毛主席语录",再编也不出格。我深谙此道,把文学创作的本领全用上了。因此,我写的材料讲用效果甚佳。除"学毛著"材料外,还写学大寨经验材料、"四好五好"运动材料、"基本路线教育"材料……每月都写三五个。全是为人作嫁,写好后都以别人名义印发或宣讲。有两篇讲用稿曾在《南阳日报》《河南日报》发表,都有万余字,署名都是讲用者。那时写东西无名无利,也从未想到过名利。材料算不得文学作品,但我写得认真,务求畅达生动。曾想,我如今的语言还算有点儿功夫,怕与当年写过百万字的检查、百万字的材料庶几有关。

六、下乡五年

"文革"中的事儿诡谲异常、变幻莫测,人的命运只能听凭"形势"安排,自己当不了家,荣与辱、浮与沉,都有很多偶然性。"文革"是一出既严肃认真又荒诞不经的连续剧,无数人或主动或被动地上台表演,你方唱罢我登场,正面人物、反面人物老是转换,到煞戏时我才发现仿佛每个人的鼻梁上都抹有一块白粉,丑角似的滑稽。

我因为"文革"初期挨过整(那挨整后来被解释为"刘少奇的资产阶级反动路线",好像不是"文化大革命"整了人,而是刘少奇整了,可整我时却说我是"刘少奇的孝子贤孙"),又曾为"造反派"办过报(那时候"造反派"是个闪光的称号,"无产阶级革命路线"的执行者,能在它麾下效力,自然是"革命行为",多少人孜孜以求之),于是乎,在那个荒唐的年代,便荒唐地当了半任副科级的小官。上任伊始,便因为是"三门干部"("三门"即家门、学校门、机关门,意为没在现实斗争中受过训练),不能坐机关,就不得不奉命下乡。那时候,时兴向农村派工作队,从"学大寨"工作队、整建党工作队,到"反击右倾翻案风"工作队、揭批"四人帮"工作队,我都参加了。前前后后,五年寒暑。工作队名目不同,工作套路大都一样,无非狠抓阶级斗争,大批促大干。虽轰轰烈烈,却徒劳无益。但对我,实际是一次真正的深入生活。我这人,自信不会坏良心、整农民。到处的农民都和我老家的农民同样可怜、艰难,整他们无异于整我的父老乡亲。我是农家子,吃红薯饭长大,穿土布衣成人,虽然当了干部,自信本质未变,能够理解农民、同情农民。因此,我和群众的关系相处甚好,彼此融洽,说话见心。那时强调"三同"。住在村民家,和村民一块儿下地干活(因为老是开会,劳动时间较少)。吃的是派饭,就是轮流到各家吃饭,一家吃一天。吃后留下1斤粮票、5角钱。饭是生产队会计事前派的,按上级规定,只能派到人民群众家,不能派到"四类分子"家(地主分子、富农分子、反革命分子、坏分子合称"四类分子",简称"分子")。可见,管国家干部吃饭也是一种政治待遇。有一家,成分是富农,可"分子"早已死去,只有两个儿子。我认为,也可以去吃饭。当会计把饭派到他家时,弟兄俩很感意外,而且十分感动,特意请邻居的一个麻利女人,擀面条、捣蒜汁,下捞面。我去吃饭时,发现一碗冒高的面条下面埋着两个荷包蛋。那天,弟兄俩特别高兴,逢人就说工作队今天在他们家吃饭。因为,管干部一天饭,不只能得到粮票和钱(粮票是奇缺的东西,农民很难得到,5角钱也不算少,1个劳动日才值2角钱),还能得到生产队补助的1斤小麦,更重要的是得到了政治上的信任,在人中恢复了脸面。那弟兄俩,长得都排场,还会木匠、泥匠手艺,因为成分赖,年过三十,还没娶来媳妇。就在我去吃了两天饭后,有人给老二介绍了对象,很快结婚了。据说,女方认为既然工作队去他家吃饭,可见不是赖人家。一个生产队,大多十几户,一年总要轮十几遍。因此,我和各家都熟悉,连各家的狗都认识我,见了我就摇尾巴表示亲近。各家做的都是农家饭,但都尽其所能做得好些。在一个临河的小村,每家中午都为我包饺子,馅儿除萝卜、韭菜外,还有白菜、菠菜、藕、荠荠菜、洋槐花、马齿菜、芝麻叶,几乎都没肉。虽相当寒俭,却热情可见。那时,农民都穷,很少分到钱,每人每年只分得80斤小麦。我不止吃过百家饭,饭食固然粗粝清淡,可从中却足能品味出农村生活的苦涩、农民情谊的温馨。曾编出顺口溜一首,记一顿晚餐:"小米干饭一大碗,辣椒一盘,姜一盘。主人劝我多加餐,话不多,情可感。更觉得,米更香啊,菜更鲜!"那5年,从未吃过公家招待的酒饭,即便去公社开会,也是自己掏粮票和钱买饭,买罢随便蹲在什么地方一吃了之。哪像现在下乡,即便去尚未脱贫的山区,也必享受公费酒肉招待,直闹腾到宾主皆醉,方才罢休。吃派饭已成"天宝"旧事,历史陈迹。抚今忆昔,真是恍若隔世。

　　日日忙于政治运动和战天斗地,可我还没有忘记文学。干涸的心田需要文学滋养,多年的积习怎也改不掉。于是,在工作劳动之余、夜阑更深之后,就埋头读书。读自己的劫后余存的书和从朋友处借来的书,如《悲惨世界》、《笑面人》、《鲁迅全集》、《艾芜选集》、《红楼梦》、《红星照耀中国》(即《西行漫记》)等等。有几天,实在没书读了,就找来一本《新华字典》读,饶有兴趣地读了两遍(曾写过《读字典》一文述说当时情状)。有一次,大队干部从一个上海返乡探亲的女学生那里收缴一个手抄本,娟秀小楷抄一部无名氏的中篇小说《塔里的女人》,以为是阶级斗争新动向,交给我,问我如何处置。我一看,如获至宝,细读一遍,又让归还原主。那是第一次知道中国现代文学史上还有无名氏这么个别具风格的作家。那时读书,纯是为了排解寂寞,欣赏一番而已,并不想从中学到什么,因为,早已死了当作家的心。曾有一首小诗,写到夜间开会回来立即拿起书本的事儿:

天似盆锅星似米,
草间野径归来迟。
急燃残烛床头坐,
促织声中诵楚辞。

同时,也写东西,主要是写诗,新诗、旧诗,民歌体、打油体,都写。写的多是农事活动、农村人物、乡野风景、生活琐事等。批批斗斗的政治运动则不写,因为那里面很难找到诗意。河边的滩地里种一块玉米,从播种到收获,我全参加了。单为它,就写了十几首,诗体仿的是郭小川的《厦门风姿》。我所在的生产队有百余口人,我几乎为每个人都写了一首,写法学的是张志民的《公社一家人》。几年中,写了近千首,写满了5个塑料皮日记本。写,是因为想写,写了舒服,不写憋闷。全是为自己写的,从未想到发表,成名成家的思想早被批判得体无完肤。虽无功利目的,写起来却很认真、很投入,颇有苦吟的样子。当时有一首绝句,说的就是写诗:

端坐蓬窗夜已迟,
飞蛾绕烛惹奇思。
伊人梦断风烟里,
犹自推敲作小诗。

那时的诗,如今看来实在平庸,已无勇气拿出示人。但我仍然珍视,因为那些押韵文字毕竟星星点点地记录了我在那个缺乏诗意年代里的足迹、心迹。如果说我现在的作品语言还算简练,比较注意语言的节奏感、音韵美,怕是得益于当年写过那么多诗了。有一则寓言说,鹰叼到一只龟,因为没法吃它的肉,便想整治它,问道:你怕啥?龟说:怕水。于是,鹰就把它丢到海洋里去了。我就像那只龟,一下子被抛进生活的海洋,倒得到了相对的自由。如果待在机关,在那多事之秋,一定会招惹更多是非。同时,长期沉在社会底层,经见甚多,感触渐深,也为我后来的文学创作积累了丰富的素材。我的多篇散文,如《背影》、《芦花湾二题》、《细柳营札记》等,写的都是那段生活。这倒是当初料想不到的,可算无心插柳柳成荫。

七、写曲词

我这一生遭际,大都与文相关,因文得福,因文得祸,成也萧何,败也萧何。曾想,假若我不上学识字,或者念完小学后不再升学,一直在家务农,每日和田土庄稼打交道,那么,我会和我父亲一样,成为一个勤劳而平庸的农民,任日子在种种收收、风风雨雨中悄悄流逝,我的一生或许就少了几多起起伏伏、波波折折,也就少了山重水复柳暗花明的故事。识了字,读了书,爱上了文学,就不能不付出许多,为伊消得人憔悴。同时,文学也回报我许多,困厄中,抚慰我心神;孤寂中,滋润我灵魂;在平平顺顺的岁月里,使我活出了更多意思。付出的和得到的,算总账大体平衡。且说就在我写了几年材料之后,县里要恢复文化馆,因为我能写两下子,也缘于我一再恳求,终于在1972年10月到文化馆落了脚。那时,各地的文化馆都叫"毛泽东思想宣传站",唯独这个文化馆仍叫文化馆,决策者竟不避"复辟"、"回潮"之嫌,可谓十分大胆。文化馆的那个"文"字,当然也包括文学。进文化馆,我名正言顺地靠近了文学。原来劳心劳力炮制那些材料,虽字斟句酌,皆无关斯文。我的工作是辅导群众文艺创作,兼编一本小刊物。那刊物,先油印,叫《工农兵文艺》;后石印,叫《革命文艺》。那时各地都有刊物,都不外这两个名字;凡文艺,都须是革命的,为工农兵的。刊物发表了业余作者的大量作品,曾出过一期诗歌专号,百余首顺口溜全是歌颂"大好形势"和"好人好事"的。作者中,写散文和小说的很少。散文中须有"我",那年头最忌说"我";小说中应有若干生活的真实,那年头最反对写真实。那是个只宜制作"颂诗"的年代,一篇篇押韵文字全是"帝德乾坤大,皇恩雨露深"的现代版。刊物上登载最多的是曲艺唱词,抓创作也主要是抓曲艺创作。那时,农村有不少宣传队(全称是"毛泽东思想文艺宣传队"),除演"语录歌"、"样板戏"片断外,主要是演唱曲艺。县里也成立了宣传队,专演曲艺。为了配合中心、服务政治,就需要大量新编节目。南阳是曲艺之乡,唱曲艺的多,写曲词的也多,而且不乏名家。正是在这时,我开始学写曲词。我本来就喜欢民间文艺。儿时,给我以文学启蒙的是民间故事和民间歌谣,给我以美的感染的是年画、神像和吹糖人儿艺人吹捏出的拿金箍棒的孙猴子、爬上大肚子油瓶的小老鼠什么的。到如今,仍爱看传统戏,爱听大调曲、三弦书、鼓儿词。我这人文艺观很传统,与西方现代派以及种种新潮文艺理论迟迟接不上轨。所以一直写不出时髦作品,弄不出轰动效应,原因可能正在这里。写曲词写得很投入,一写就爱上了这种形式。我是把曲词当作文学作品写的,或者说,是当作叙事诗写的,特别讲究语言。照理说,曲词原来也是文学作品,成了经典的《三国》、《水浒》、《董解元西厢记》及元人散曲等等,当初就是说唱的,只是到近几十年,曲艺才自立门户,曲词似乎也不入文学之林了。我写的曲词,大多读来尚好,演出效果平平。"处女作"是《小屋向阳》,写一位老队长身居草屋陋室胸怀天下兴亡的故事("身在××闹革命,志在世界一片红"是那个时代钦定主题),演出过几次,反响一般化,1973年,被河南人民出版社编入一本演唱作品集出版。我写的第二个段子是《开电磨》,写一个山村老妇学开面粉机的故事。因为较有生活气息,语言也很风趣,演出效果颇佳,在《河南日报》发表后,曾广为传唱,并被选入多种演唱作品集子印行。这个段子曾参加全国曲艺调演。演出本竟和批孔挂了钩,让主人公多说了一段相当别扭的话:"想起来孔老二我满心火,他比那蝎子还毒比蛇还恶。他叫俺围着锅台转,他骂俺女人难养活。"正是在这次调演中,发生了令江青十分恼火的"陶钝事件",被认为是典型的"文艺黑线回潮",参加演出的演员和工作人员都受到追究,弄得相当紧张。事后我想,亏得我没去参加(那时我正在农村战天斗地)。如果我也"躬逢其盛",那就更难洗刷自己了,有道是"老鼠皮经不住四两硝","文革"伊始批斗者就把我和"文艺黑线"连在一起了。对曲艺的钟爱,一直绵延到"四人帮"倒台之后,陆陆续续地,发表曲词近40篇。其中,《三考新郎》在全国短篇曲艺作品评奖中获奖,《夸婆家》获"河南省曲艺创作奖"。于是乎,我在曲艺界就小有名气了,直到如今,有人编纂《中国曲艺家辞典》之类的书,还一再找到我的头上。我加入中国曲艺家协会比加入中国作家协会还早五个年头呢。写曲词的同时,也经常看曲艺演出。特别爱听老艺人唱的传统曲目,觉着那是一份可贵的文化遗产、一个取之不尽的艺术宝库。随着老艺人的次第凋谢,我常有广陵散绝之叹。忘不了那年在石桥镇听大调曲子《小寡妇上坟》,听得我如痴如醉、如仙如死,有一种从未体验过的艺术的餍足。小寡妇在坟前满腹哀怨,悲痛欲绝,邻家嫂子去解劝,竟用十三道韵辙,从十三个方面唱出了小寡妇身世的可怜、环境的险恶,叙说理论了根根秧秧,铺陈渲染了方方面面,真真切切地唱出了一幅清末民初农村社会的《清明上河图》,即使一部长篇小说也难写到如此细致入微、生动传神。解劝到最后,便自然而然地得出一个人情人理的结论:"他婶啊,拍拍屁股嫁了吧!"最使我倾倒的,是唱词中浓郁的生活气息、泥土滋味和纷至沓来的鲜活细节。我后来写的那么多乡土题材的文章,都远没有写出那种境界。

务弄多年曲艺,功夫并未白费。那段历练对我日后的散文创作大有裨益,起码使我能够注意散文语言的音韵美、节奏感,和行文的疏密度、叙述描写中的动态效果。在系列散文《皇天后土》中,多处引用传统戏词、曲词,也大都是那时的积累。

写曲词那段时间,也写了些散文,在《河南日报》、《河南文艺》、《郑州文艺》、《河南农民报》发了十多篇。如今看来,都不算东西。

八、写散文

　　新时期开始,文学复苏,我的作家梦也死灰复燃。"文革"期间,先是沦为"黑帮",恨死了文学;后是兵荒马乱,运动频仍,日子在动动荡荡、战战兢兢中度过,虽又舞文弄墨,却从不敢奢望当作家。全国只浩然先生一个作家,任你有天大的本事、非凡的才能,也难成为第二个,充其量,只能当个作者而已。十载梦断,再续前缘,我发现我对文学的爱恋和往昔同样挚切。于是,便从曲坛渐渐"淡出",终于,不再编曲词,专心鼓捣散文了。我已认定,以我的性情、学养、阅历、志趣,只宜于写散文,一篇篇散文,有可能铺一条走上文坛的路。曾有戏言道:四十岁后,青春已逝,徐娘半老,倒找到了如意郎君,服服帖帖地嫁给了散文。一旦结合,就时时厮守,念兹在兹,心不旁骛,决计从一而终,一心一意弄散文,一直持续到如今,弹指间,二十年矣!这二十年,仿佛比"文革"十年过得还快,因为我的日子越来越顺溜。回望来路,再没了一波三折;检点成绩,却仍有不少话说。

　　这些年来,生活日趋安定,心境日趋平静,不再担心挨整,从未因文惹祸,特别是1986年6月到文联领取薪俸以来,环境改善,时间充裕,所需要的只是自己的才情和努力了。当了多年业余作者,到这时,才以多年的"余"为业。干了多年不得不干的活儿,理想和饭碗老是闹别扭,到这时,事业和职业才统一起来,手里做的正是自己心里想的营生。所以,我感激这个好时代,虽然它在我吃了许多苦头、耗去半生年华之后,才姗姗而来。

　　我的散文,有一个演变过程。自信二十年来从未停下前进的脚步,尽管进步得很慢很难。

　　开始,只能在河南发表作品。直到1983年,在《人民文学》发表《还乡散记》,在《上海文学》发表《游丝》,在《报告文学》、《人民日报》、《羊城晚报》发表一批东西后,省外的读者才知道有一个写散文的周同宾。写的都是农村题材,写法多为杨朔模式,不厌其烦地描摹乡景、乡情、乡风、乡韵,写出了一派融融的田园乐。那几年,刚刚分田到户,又赶上风调雨顺,提留、"白条"之类的问题还没有出现,农民确有一种满足感,甚至陶醉状。我那些散文,或许在一定程度上反映了那种真实。但事后就发觉分量太轻,思想太浅,手法往往老一套,自己就不满意了。第一本散文集《乡间的小路》,收的大都是那个时期的作品。儿童文学散文集《铃铛》里的短章,也是那时写的。

　　渐渐认识到,只写乡村的风景美、风情美、风俗美,是远远不够的。农民并非桃花源中人,农村生活搅和着苦甜酸辣,每个农民的身世都有一份固有的沉重。农村的日月充满了艰辛,农民的命运常常带有悲剧色彩。评论家楼肇明先生说,自《马蹄塘纪事》以后,我的散文才挣脱"杨式散文"的桎梏。这话大体准确。大约自1983年以后,我已不满足于单单描写那种所谓诗情画意,想把文章做得厚重一些、深刻一些,力求再现农民的生态心态、性情性格,写出一些历史感、沧桑感。于是,便有了《饭场纪事》、《剃头挑儿》、《故里三丑》、《祭幺婶文》、《祭文八篇》等叙事记人的篇什。这个时期的作品,大多编入了散文集《葫芦引》和《情歌·挽歌》。

1988年以后,我对经营了多年的散文的叙述方式、语言格调渐感腻味,想变一变套路,换一换笔法,就做了两个实验。一是开始采写《皇天后土——99个农民采访记》。这个系列直到1994年下半年才完成,1996年结集出版(出版者把"采访记"易为"说人生",颇忤我意,"说人生"似不能涵盖全书内容)。《皇天后土》的写作原委,已在该书《自序》及书后所附答记者问中说了,这里不再赘述。二是想从古代散文(特别是明清小品)中学一些本事,学语言,学样式,学它的文化味、书卷气、空灵美和言简意赅的美学品格。于是,就写了一批说人生、说山水、说读书、说写作的随笔小品文学。在文体上,也尝试了书简体、日记体、笔记体、论辩体等等古人所创造的样式。这样做,得失成败如何,自己也拿不准。所堪自慰的是,总想把文章做好点,总想不断变一变招数,为了不让读者厌倦。散文集《绿窗小品》、文化集《唱给文学的恋歌》收录的大都是这个时期的作品。还有一些,编入了后来出版的《周同宾散文自选集》。

下一步,我的散文将是何等模样,自己也不好预测。有一点可以肯定,将会继续写下去,并愿努力写得好一些。我似乎还没有"江郎才尽"。

煮字烹文四十载,专心写作十余年,人磨墨,墨磨人,一腔心血,一窗清寒,化为纸上文学。粗略算来,已经有近千篇被称为散文的东西流播世间。但真正有点价值的,自己至今仍满意的,只是少数。那么多的东西早被岁月的烟尘销蚀,随风而散,了无影响,除曾为自己沽得些许浮名、换来若干酬劳,已没有别的意义。行文至此,不禁怆然。

年少时,渴望成为作家。想象中,那才是最高妙的人生选择,可一旦偿了夙愿、圆了旧梦,不知怎地,却很少有当初预期的美好感觉,只觉着,作家亦不过尔尔,甚至疑惑为这个鸟文学付出那么多是否值得。这,或许正符合那个著名的"围城理论"。光阴飞逝,人已渐老,昔日的激情已褪为平淡,多年的执着仅剩下习惯,所以仍在写写画画,只为了实现生命的自在而已。

兔年春节重写毕于南阳无尘居
原载《新闻爱好者》1998年第9、10、12期,1999年第2、4、5期

我的"处女作"

周同宾

只顾埋头写作,不计岁月匆匆。编辑朋友出个题目,让谈谈发表"处女作"时的情况。蓦然回首,那已是三十年前的事了。

当时,在南阳盆地东北部的赊旗镇(1965年建县时才改为社旗)上中学。那是古镇,据说,两千年前,汉光武帝举事时,曾向此地一刘姓酒肆赊得一面写有"刘"字的旗子。宽街窄巷,纵纵横横似蛛网;老店小铺,经营三百六十行。市廛间,隐隐地响着历史的回音。

那中学,原叫宛东中学(南阳古称宛)。我在图书馆借阅的商务印书馆《万有书库》的书上,就盖有原来的印章。图书馆藏书真多,我读六年,只读了其中一小部分。读课外书的情况,已写文章说过,不再重复。

学校在长春街。校门前不远处,道旁一棵古槐,干粗枝曲,树皮裂作长长短短的沟壑,怕有千岁了。老槐树下,一个山西人,姓庞,开一爿铺子,卖旧家具、旧器皿(我记得,一个起码是清代中期的精雕细刻的茶几只卖八角钱),也卖旧书。书不论定价,厚的两角一本,薄的一角一本。我和爱文学的同学多次去翻。老庞总木着脸看着我们,许是怕偷。也买过十几本,用的是挤出的伙食费(一角钱就能在学校的伙房买一个馍半碗菜——我记得伙房门口挂的木牌上写的是"炊爨室",很古雅)。先后买了臧克家的《烙印》、何其芳的《预言》、沈从文的《废邮存底》、郑振铎译泰戈尔的《飞鸟集》、一个叫淑娟的人编的《现代创作新诗选》,都是20世纪30年代、40年代出版的。也买有50年代出的《希克梅特诗选》、《十二朵番红花》(十二个外国诗人的诗选)等等。还记得,翻书时,见很多书的扉页上,有一个叫李凤笙的人的签名。知情的同学说,那人本在兰州一所大学教书,成了右派,遣送原籍,生活窘迫,才变卖存书。当时只觉书便宜,不知背后竟有沉重的故事……

是书,点燃了爱恋文学的烈火,一发而不可收。最难忘,学校南面那道寨墙,黄土夯成,蜿蜒如带;寨墙外边那条河流,水清沙白,曲折如蛇。那是我和同样爱恋文学的同学常去的地方。多少个黄昏,当山陕会馆上翘的挂着铃铛的檐角渐被暮霭遮掩的时候,多少个月夜,当临街店铺排列整齐的门板缝里透出迷离灯光的时候,学友们常结伴登上长满浅草的寨墙,迎着拂面牵衣的晚风,听着如歌如琴的水声,谈诗文,谈理想,表达对文学炽烈的单相思,用炽热的语言描绘着滚烫的金色憧憬,迟迟不忍归去……

痴痴地做着作家梦,苦苦地又读又写。

1957年暑假,曾和同窗李庚辰(即如今供职于《解放军报》的杂文作家李庚辰),徒步百里去南阳。在一条当时看来十分繁华现在想来相当寒碜的街上,一座灰色墙壁的二层楼前,见挂有南阳日报社的牌子,向不大的大门里面看了又看,觉得那地方神秘而又神圣。门口挂个留了一指宽缝隙的绿色木箱,上有"稿件箱"三字。李庚辰不知从哪儿弄了张纸,拔出钢笔(那些年时兴用彩线结的套儿将钢笔网着,《艳阳天》里萧长春的钢笔就有那种套儿),顷刻抄出几首诗,当即塞进箱子。我不禁惊叹他的勇气。不很久,登出了一首,一下子轰动校园。真好比烈火上又添了柴、浇了油,心在燃烧,血在沸腾,时时都有写作冲动,在梦中,已经成名……

余光中有言:"梦虽人做,却不由人做主。"

那时啊,根本想不到文学路上有鲜花更有荆棘,有平途更有关坎,会遭摧残,会摔跟头。就在接下来的一场运动中,我们都挨了整。李庚辰被整得更惨。这是另一话题,不说也罢。

1958年4月,全民动员捕打麻雀的时候,忽然收到南阳日报社寄来的一张报纸。急打开,急寻找,终于发现我的一首诗在第四版发表了,只四句,二十八个字,连标题也没有。那半版都是诗,总题是《大跃进民歌大家唱》,我那四句前只冠以"周同宾唱"。那时已不敢张扬,只悄悄躲到僻静处,把那二十八个字端详了十几遍,心里偷偷地高兴,仿佛看见了在不远处的地方,美丽的缪斯正含情脉脉地向我招手。半个月后,收到二元稿酬。在当时,算得上一笔可观的进款,就又多了一份高兴。记得去邮局取钱时,那个穿绿制服的女职员瞅我一眼,说:"哟,这个学生娃还会写文章哩。"

那四句顺口溜,便是我的"处女作"。她很丑,比丑小鸭还丑,可在当时,我却觉得有模有样委实漂亮。

那块比火柴盒还小的剪报如今还在,却再也没有勇气抄出让读者瞧瞧。牙牙学语时的丑态,更甚于婴年"出屁股,衔手指的照相"(鲁迅语),脸皮再厚也羞于拿出来让人看。那无疑是我发表的所有文字中最拙劣的一篇,却也是最难忘的一篇。因为是破题儿第一遭,有了它,才有了第二次、第三次……

1989年7月
选自《豆的系念》,河南文艺出版社,2004年

我的三部曲

周同宾

编辑来信，让写小传。这类自我推荐的文字，已写过多次。无非何地人，何年生，在何处供职，有何种头衔，出了何书，获过何奖，等等。自己或许可得虚名，读者怕是早已腻烦。若再重述一遍，真无多大意思。老王卖瓜，不能老夸。踌躇良久，决定说说我的笔墨生涯三部曲——很像爱情三部曲。

一

开始是在毛泽东他老人家亲自号召"鸣放"，又亲自部署反"右派"的那段诡谲岁月，一个幼稚少年，不懂人生也不懂社会的中学生，鬼使神差地爱上了文学。为什么爱上，说不清缘由。爱是不讲道理的。只觉得她好，美丽，多情，特别迷人，值得为她献出一切。她是狐狸精，一下子就勾引得我神魂颠倒，不知今夕何夕，忘了自己是谁。课余时间，全用于读文学。是一盏每晚要燃尽一角钱煤油的简陋的灯，和巴金、郭沫若、鲁迅、郁达夫、曹雪芹、莎士比亚、普希金、郭小川、何其芳等名家的作品相伴，让我度过一个个四周漆黑眼中明亮的长夜，寒冷变为温暖，酷热变为清凉；是几册摘抄好诗好句的硬皮笔记本，和《被开垦的处女地》、《静静的顿河》、《堂·吉诃德先生传》、《安娜·卡列尼娜》、《牛虻》、《林海雪原》、《儿女风尘记》、《青春之歌》、《槐轩千家诗》、《桃花扇》……时时抚慰我青春的躁动，满足我心灵的饥渴。边读边写，写得最多的是诗，有首长诗竟然数百行（读那么多小说，却从无写小说的念头，个中原因，到现在也不明白）。写罢就往外寄（那时投稿，不贴邮票，随便弄张纸糊个信封剪掉个角就行），退回的和寄出的同样多（那时的编辑那么敬业，如今想来，真不好理解）。并不气馁，反倒更加痴情。心总是热的，总有难以平抑的激动。读啊写啊，把全副身心都交给了她，就连梦中也在和缪斯耳鬓厮磨。衣带渐宽终不悔，为伊消得人憔悴。珊瑚百尺珠千斛，难换罗敷未嫁身。山无陵，江水为竭，冬雷震震，夏雨雪，天地合，乃敢与君绝——正是如此情状。虽被视为"不问政治"，骂为"白专道路"，常遭红得发紫的学生干部的白眼，并逼迫交出"反动思想"，却丝毫不减对文学的爱恋。仿佛认定,受些苦、遭些难,更能锻炼爱的坚贞。

那是热烈的初恋,如胶似漆的初恋,言笑晏晏信誓旦旦的初恋。初恋结出的果子,固然青涩,在当时却甘甜醇香得春风沉醉。高尔基说:"初恋是毕生难忘的。"真的,垂暮之年,倏然回首,仍宛在眼前。

那一段,凡十年。

二

殊不料,"文革"开始,顷刻落难,罪名是"黑帮"——大概和周扬等"四条汉子"是一帮,我这个远在乡下的中学教师竟和京城的大官结上了帮。接着就是批斗,批成了"落水狗",斗成了"不齿于人类的狗屎堆"。罪证是发表的几十篇诗文和几十本"反动日记"。最难看最丢人的是,原本写给自己的日记被摘录,加按语,配漫画,"一版一版"地"发表"在教室的山墙上(不是铅字印刷,而是用鸡蛋大的毛笔字抄出,那叫大字报)。我当然就原形毕露,丑态百出。接着就用写诗作文记日记的笔写"检查",骂自己,也骂文学。文学出卖了我,我也出卖了文学。文学是狐仙,我是负心郎。早知今日,悔不当初。鸳鸯枕上千行泪,不是思君是恨君。东风恶,欢情薄,一杯愁绪,几年离索……

然而,当外界的压力稍微放松,心从窒息中渐渐苏醒,便发觉我还喜欢文学。爱,是不能忘记的;情,是不好割舍的。下乡劳动改造,带了"红宝书",还偷偷带上鲁迅的《野草》。接受贫下中农"再教育"的同时,又暗暗写诗。那时啊,只能在农家的茅屋,黑如锅底的深夜,穿墙扑面的寒风里,一支垂泪的蜡烛下,和文学幽会偷情。金风玉露一相逢,便胜却人间无数。奴为出来难,教郎恣意怜——前人之述备矣。

又是十年。

三

新时期开始,我已人到中年。看阴天转多云,多云转晴天,虽乍暖还寒,毕竟闻到了春天的气息。于是,对文学蜷曲已久的爱恋便得以公开伸展。曾也有几番风雨,却对我吹打无多。不复有当初的热血沸腾,如痴如醉,如火如荼,只保持日复一日的冷静沉稳,不急不缓,不紧不慢,漫无目的地读书,心之所至作文。诗已离我远去,留下绵绵牵挂。只散文依然伴我,酷暑严冬,在我笔底,也在我心中。常不禁把诗的思念融于散文,似重温那场早恋的缱绻柔情。过的也是散文式的日子,随遇而安,得失由之;行于所当行,止于不可不止;不追赶潮流,不自说自话;写得下去就写,写不下去就歇歇;获奖励也不喜出望外,遭冷遇也不暗自伤神。写作成了嗜好,成了习惯,成了活着的依据;事业心,成就欲,渐被岁月的流水冲刷单薄。固然,终于圆了年少时寤寐求之的作家梦,却原来,这个作家并没有梦中的美满崇高、浪漫潇洒。

热恋十年,离别十年,又重逢,则像一块儿讨生活,柴米油盐,生儿育女,不再谈情说爱,只要相互厮守,风晨月夕,忙里闲里,脉脉传递心的慰藉。不戚戚于贫贱,不汲汲于富贵;安安详详,实实在在;每天的太阳都是新的,每天的活法依然如旧。一天天走下去,直到白头偕老吧。

当初,文学是恋人、情人、爱人。如今,文学是相依为命的老婆、老伴儿。

这状况,已经持续二十年。二十年平平常常,简简单单,平常得很少起伏,简单得没有故事。这,或许正是务弄文学的合适状态。正是在这二十年,才写出若干尚属可人的作品。仍可比作两口子,只有平平顺顺地过日子,才能生养出有模有样的好孩子。

1999年9月

选自《豆的系念》,河南文艺出版社,2004年

平凡人生与平凡文章

周同宾

我这一辈子（这样说似不确，因为人还活着，应说半辈子或大半辈子），过得很平凡，或者说，很平淡。出身农家，而后上学，而后工作，虽不算顺顺溜溜，却没有大起大落。平平凡凡，平平淡淡，几十年匆匆过去，亦不过如此而已。固然"文革"中曾因文罹难，挨批挨斗，受罚受辱，但和别人的九死一生，甚或是赔了性命一比，便显得稀疏平常。别人的平凡，可能升华为伟大；我的平凡，则只能永远是平凡。

自从识字，便爱读书。诗啦文啦，读得如痴如醉。读后，便要写。写了，便投稿。退稿积了半个抽屉，始有文学见诸报刊。到而今，长长短短的、好好赖赖的，已有数百篇文章印在纸上，撒到世间。敝帚仍然自珍，读者大多淡忘。也曾收拢几个集子，付梓印行，却俱不畅销，更无轰动。舞文弄墨以来，从没得到过名师指点，也没得到过名流提携，更没被评论家捧过或骂过，瞎摸而已，冒碰而已。只有"处女作"，而无"成名作"。我不知道从哪天起，我被称为"作家"了。这过程，真平凡，想拣出三两件风光事炫耀一番、兜售一番，回忆再三，终于一件也无。

作品也委实平凡。内容平凡，笔法平凡，无诱惑力，无煽动性，无哲言睿语，少清辞丽句，只用平凡的文字，写平凡的事物，写平凡的我和我眼中的平凡的世界。耻于滥情矫情，懒得渲染藻饰，不想着意打扮自己，把自己弄得看起来比别人高大、聪明、漂亮，只要把本来的我和我的本来的平凡，呈现世人面前，即使粗俗、卑微，那也是一种真实。似乎也只能如此。长期生活在小地方，偏僻边远，落后闭塞，所见皆农人，所交皆布衣百姓，所知皆寻常事物，所游皆蛮荒山水。发而为文，便只能述说普通人的心态和生态。于是，便有了近年发表的《凡人书简》、《凡人日记》、《凡山俗水》、《无尘居漫笔》等等系列文章。还有那连篇累牍的《皇天后土——99个农民采访记》，已送出去许多组，登出时，曾被编辑放入"报告文学"、"纪实文学"，甚至"小说"栏目；我则认为，全是散文。那些东西，所记皆小民，所说皆俚语，又土又俗，又粗又野，称之为散文，或许会有污于散文的华贵清雅、高洁纯净。事已如此，管不得了。我的本意，正是要改一改散文的面貌，变一变散文的路数，另换一套笔墨，写出凡俗生活的丰富纷纭、斑斓驳杂、多种多样、多姿多味。窃以为，那也是一种美，原生的美，野性的美，未被艺术家改造的美。这种认识，或许仍是凡人之见。

　　当今世界，变化多端。人似乎很容易由平凡变为不凡，由卑贱变为高贵。比如，原来默默无闻，一夜间，突地成了"星"，名播天下，引得众人追；原本一贫如洗，一翻手，突地发了财，腰缠万贯，狗见也抬举。然而，明星再亮，没有天空大，款爷再"烧"，终为一小撮，凡人仍是大多数。乡谚云："都坐轿，谁抬呢？"便说明，多数人只能当凡人。而社会生活，也正是主要由凡俗之辈的柴米油盐、吃喝拉撒、婚丧嫁娶、生儿育女，以及不关大局的争争斗斗、恩恩怨怨、是是非非、哭哭笑笑等等，交织一起组成。本人生活于凡人中，黄鳝泥鳅一般粗，南瓜葫芦差不离，决不心理失衡。更所幸，虽有公职，几无公务，少坐班，多"坐家"。闲来读书，兴来作文。读书向无计划，随便翻翻而已；作文亦无章法，顺手写出罢了。还时不时地田头村舍走走，放牧牛人，晤灌园叟，话桑麻，说年景，论家常，议世风，备觉其乐融融。言谈间，心有所感，神有所会，归来便有文章。尤堪自慰者，文章写出后，有报刊愿登，有读者愿读。每当相识者当面对我说"看了，这一篇还不错"，不相识者写信告诉我"读了，说了我心里话"，我便十分高兴，常呈得意忘形之状。

　　如今是啥时候？举世滔滔，人皆趋商，口常言钱，老是听说某某"发了"、某某"阔了"，撩拨得多少人心猿意马，难拴难系。我也会临渊羡鱼，却不敢下水撒网。自己知道自己，说到底仍是要笔杆儿的料儿，要笔杆儿也写不出摩登文章，换不来高额稿酬。罢罢罢，咱认了。不图大富大贵、大红大紫，只求平平凡凡、平平安安。那就只能照旧株守寒舍，心不旁骛，度平凡人生，过平凡日子，写平凡文章。安于平凡，甘于平凡，亦乐在其中矣。

1994年6月3日于南阳
原载《散文选刊》1994年第8期

《周同宾散文自选集》自序

周同宾

我学写散文,已近四十年。处女作发表时,还是个中学生。专心专意写散文,是这二十年。二十年来,竟弄出七百余篇印在报刊上。如今回头检阅,首先,不禁佩服自己勤奋,同时,深感不少作品太差。很长一段时期,虽在尽力写散文,却不知散文应该如何写。抚今追昔,感慨万端,憾恨不已。

文学是人学,人写,写人,写出给人看。写小说,必须写人物,或者说塑造人物;人物活了,小说就成功了。写散文,可以写人物,也可以写一片风景、一个事物、一段情感、一缕思绪、一番道理;即便写出人物,也只是一帧剪影、一个片段、一点印象,绝不会去塑造他或她。小说家写人物,用的是加法,加进了很多原本不属于他或她的东西;散文家写人物,用的是减法,减去了很多自己不感兴趣的东西。散文里的人物,只是散文家眼中的一片风景。其实,篇篇散文都在写人物,写景也罢,状物也罢,叙事也罢,抒情也罢,说理也罢,写的都是作者自己,写别人也是写自己。古人说:"文如其人。"读散文,就是读散文家。在散文里,散文家暴露无遗,须眉俱现。读《野草》,我们真切地看见了鲁迅。读《西滢闲话》,我们真切地看见了陈源。一篇篇散文发表,散文家就自觉或不自觉地亮了相。小说家藏在小说的后面,让他的人物去抛头露面,尽情表演。散文家一开笔,自己就登场了,无论写什么,无论怎么写,都在表现作者其面其心。

写作多年,摸索多年,有了经验,有了教训,直到渐近老境,我才悟出一个平常的道理:为文必真。要写作,须有真材实料、真情实感,还要真话实说,说出真实的自己,文中站着一个真人。好文章,即真文章。写真文章的作家,是真作家。为文之道,紧连为人之道。要写真文,先做真人。人真诚,文就可能真诚;人虚伪,其文势必虚伪。是真诚还是矫饰,是真情还是矫情,都在文章中明摆着。越矫饰,作者越丑陋;越矫情,读者越厌烦。是真诚之文,语言不必铺张,辞藻不必华美,则自有感染力,自可得到读者信任。而虚伪之文,却要仰仗花里胡哨、冠冕堂皇的东西,包装自己,蒙骗读者;然而,碰上明眼人,往往一眼看穿。

人说,近些年来,我的散文有若干进步。如果此言不假,愚以为,这进步主要表现在文中的"含真量"有所提高。早些年做文章,总在那个"做"字上下功夫,做得过了头,就成了做作,就有了虚假。做出时,自己颇得意;如今看,多处留有遗憾。为表现善,为写出美,常常轻视了真。真是善和美的根基。真之不存,善和美何处附丽?真打了折扣,善会成为伪善,美会成为臭美。近些年来,由于时代教育,由于年齿增长,还由于日渐讨厌自己和别人文章的虚假、浮华,写作时,就不想再去粉饰生活、装扮自己,只愿做本真的人,做本真的文。文中的自己,是真实的自己,虽不高大、高尚、高明,确实本质、本分、本色。亮出自己真面目,想读者是不会嫌弃的。

要写真文章,须有真功夫。这功夫,在文章内,更在文章外。文章内的功夫,是练出来的;文章外的功夫,是修出来的。练的是技术技巧,修的是心灵心性。这修,颇似佛门的修行,为的是破除世俗业障,汰去尘垢沾染,逐步达到真如境界。我虽不才,亦愿修炼,务期人更本真、文更本真,人与文都不断有进步。

1997年2月25日于南阳无尘居

选自《周同宾散文自选集》,河南文艺出版社,1998年

《古典的原野》自序

周同宾

　　我一心鼓捣散文,已经二十多年。在这么长的时间里,一直用散文诉说农村。其实,二十多年前,我就做了市民,但直到今天,仍融不进城市的时髦生活。写城市,就别扭;写农村,就顺溜。我是个挤进城市的乡下人,内心深处,一直死死地缩着一个故土情结。这个并不时髦的情结,怕是终生难解。命中注定,我将一而再、再而三地唠叨农村,用我的文章叙述庄稼人的事情,描摹沉淀在记忆中的斑斑印象。

　　早些年,用稚嫩的笔,写乡村的风景、风情、风俗。固然写出了一点儿美,但毕竟太浅、太淡、太轻,如范成大、杨万里的田园诗,有一定艺术性,却很少反映出乡村的真实。刻意的构思、诗意的经营、精雕细琢的文字,负载不动农耕历史的迟滞、农民命运的沉重、农家生活的酸咸苦辣和纷纭复杂。后来,运用口述实录方式,采写系列散文《皇天后土》,让形形色色的农民诉说各不相同的自己,用土得掉渣的语言,叙谈土里刨食的人生,倾吐藏在心底的积郁,评判乡里间巷的事事物物。这一批评作品,虽被论者誉为"为农民立言",但毕竟是一个个"个案",缺乏对农村生活的整体把握和对庄稼人生存状态的全盘考量。因此,仍然是个小题材、小格局、小文章。

　　我应当变换招数,力求写出悠悠岁月的纵深感、茫茫大地的沧桑变迁、庄稼人在历史拨弄中的偶然和必然、太多的磨难和无限的坚忍、被压抑的力量和沉默中的期盼。庄稼人固然渺小,如原野上任人践踏的小草,但无数的渺小可以汇集成伟大,原野上离离野草的枯荣,可以预告大地的凛冽严冬,可以展现生机盎然的万里春色。切切不可忽视乡野草民,忘记他们就是忘本。

　　写乡村,需要大文章。

　　最遗憾,我本事太小,心有余而力不足。

　　由于种种原因,我的故乡依然贫穷,依然落后。父老乡亲承受着过重的多种名目的经济负担,还承受着更重的从远辈祖宗那里传下的精神负担。传统的农耕变为现代农业,传统的庄稼人变为现代农民,何其艰难!父老乡亲要过上优裕、体面、文明的日子,还得走很长的坎坷不平的路。每想到这些,我总忧虑、焦灼、寝食难安。一进入写作,总摆脱不了一腔凄怆,万般苦涩,心里沉重,笔也沉重,语言不可能雅致,文章不可能空灵。面对灾难深重的土地、饱经忧患的乡亲,我不忍再追求诗,只希望写出一点儿史、一点儿思;也不忍任意修饰,只打算写出我认定的真实。我不敢说谎,即便捏造一句假话,也有负于养育了我的土地和乡亲。

在城市住得越久,相思越切,越是牵念我熟悉的土地、我熟悉的土地上的庄稼人。写作,就是回老家,就是亲近故土故人。我盼望,我能不断长进,故乡能尽快改换旧时模样。将来,换一套笔墨,写出田野的大气象,写出父老乡亲的新生活。我急急地等待着……

2001年6月5日夜于南阳豆斋
选自《古典的原野》,人民文学出版社,2003年

在河南文学院讲散文

周同宾

　　文学院的朋友一再给我打电话,叫来讲一次。我迟迟不愿来。不是我架子大,是散文不好讲;拿不出一些有用的干货,或者说几条听后就能使的规律,就对不起各位,自己也丢脸。各种文学样式都不好直接讲。作家聚会——常常叫笔会——没一个人一二三四、又演绎又归纳地长篇大论,都是乱扯一通,而后游山玩水。学者开会,都事先备有论文,都能一套一套、条分缕析地滔滔不绝半天,所以宣读论文还要限制时间。文学是艺术,不是科学。搞艺术,靠心灵;搞科学,靠头脑。心灵这东西谁也说不清楚。和小说、诗歌相比,散文尤其难讲。散文姓散,散就缺乏统一的规矩,散就难以拿纪律约束,因此就不好总结出放之四海而皆准的条条框框——一旦弄出条条框框,谁都可以照此炮制,那就残酷地扼杀了散文。所以林语堂说:"八股有法,文章无法。文章有法,便成八股。"散文属文,文就是讲究的文字、独有的文采、耐人品咂的文化味。这些可以感觉却不好捉摸的东西,谁也难以说清道明,更难以教人学到手。散文的文,决定着散文的质量和可欣赏性。所以孔子说:"言之无文,行而不远。"

　　正因为这个骨头难啃,我不敢也没本事正面说散文,只好来个反弹琵琶,从另一面谈几点意思。

不必弄清散文是什么

　　很多次,文学爱好者问我,到底什么是散文,写散文有什么诀窍。一听就知道他还没有入门。越是没入门,越想知道门里是什么玩意儿,越想得到入门的秘诀,就像刚刚习禅的和尚总要问师父"如何是佛"、"如何是道"、"如何是佛祖西来意"一样,禅师都不正面回答,总用"麻三斤"、"干屎橛"、"饥则食饱则休"之类毫不相干的话搪塞。待到徒弟一旦开悟,他就不再问了。什么是散文,研究文体的专家、教授有现成的答案。我以为,那没用。怎样才能写好散文,图书馆或书店也有解答这问题的书。我以为,那也没用。××是研究散文的专家、中国散文学会会长,写了多部有关散文的专著,也编了多部全国性散文选本,按说他最知道散文是什么、怎样才能写好散文,可我觉得他自己的散文就写得很一般化。靠一个看似周严的定义,靠几条抽象出来的所谓规律,就明白了散文,写好了散文,是不可能的事,就像读了《外科学》就能掂刀破肚、读了《电工学》就能当电工一样不可能,何况文学创作仰仗的远远不只是技术,更要有相应的禀赋、心性、观察力、想象力、对美的感受力、对语言的驾驭能力等等。文学创作,当然也有技术性的东西,比如不写错别字、语句要合文法之类。粗通文墨的人都会有这能耐。以我说,要明白什么是散文,就去读散文;要掌握写散文的技巧,就去亲自写散文,写多了,写好了,自然就有了技巧。其实,说这话等于白说。应当这样说,不必有太强的文体意识,不必硬去探究某种文体的诀窍或技巧,只需要自己去实践。古人说:绝知此事要躬行。今人说:出水才看两腿泥。越是文体意识不强,越有可能写出好作品。你弄出个"四不像",或许就是前所未有的佳作;循规蹈矩地按前人的路数写,自己不会有多大的出息。画家徐悲鸿说的"独持偏见,一意孤行"就有这个意思。检验习作者的水平有个屡试不爽的标准,那就是如果他不再纠缠什么是小说、什么是散文,不再苦苦追求诀窍或技巧,就表明他入门了。

四十多年前,我开始学习写作的时候,倒是一写就知道什么是诗、什么是散文。因为那时候诗和散文的内容、样式都很简单,都是歌颂"三面红旗"、好人好事什么的。诗要么是民歌体的顺口溜,要么是押韵的豆腐干,偶尔也有马雅可夫斯基的楼梯式。散文同样不能表现自我,不能写出自己的个性、自己的真实的内心世界,只能赞美工农兵,不能抒发真性灵,只能当喜鹊,不能当夜莺、百灵鸟,更不能当乌鸦。古人作文,是代圣贤立言,那时的散文是代政治立言。那时的散文有样板、有范文。写样板散文的作家是秦牧和杨朔。秦牧的文章里写些知识(那知识如今看来多是常识),而后便唱赞歌。如他的名篇《花城》,先写古今过年的风习、旧社会的苦、新社会的甜,再介绍几种花卉,最后归结为:"我赞美英勇的斗争和艰苦的劳动,也赞美由此而获得的幸福生活。"这文章作于1961年2月,那时正值全国闹饥荒,饿死人不计其数,何幸福之有!杨朔的散文都是以物喻人、托物言志的,惯用手法是先写一段美好的景物,再联想到美好的现实,最后赞美一通,如他的名篇《雪浪花》、《泰山极顶》、《香山红叶》、《海市》、《茶花赋》等等。《雪浪花》先写海边冲激礁石的浪花,把礁石都冲得变了形,再引出一个老渔民,给他起名老泰山,写他如何勤劳,最后卒章显志:"我觉得,老泰山恰似一朵浪花,跟无数浪花集到一起,形成这个时代的大浪潮,激扬飞溅,早已把旧日的江山变了个样儿,正在勤勤恳恳地塑造着人民的江山。"这文章也作于1961年,事实上那时的江山是满目疮痍,哀鸿遍野。杨朔的散文有固定的套路,可操作性极强。年轻人肚里缺乏知识,学不来秦牧,就都学杨朔。样板在那儿立着,好学。用他那个模式,看见一根电线杆、一把鸡毛掸也能写出一篇散文。我就写了很多那种散文,一直写到上世纪80年代前期。当时以为还不错,后来一看,统统不是东西。顺便说句公道话,杨朔的散文固然常遭诟病,但他的代表作的语言堪称优美,确是文学语言,不是文件语言、社论语言,而当时的大量散文都是用文件语言、社论语言写成的。

知道散文是什么的时候,并不能写出真正的散文。这些年不再管散文是什么了,我倒写出了一些尚可一读的散文。

实际上,每个写散文的心里都有一个散文观,也都能下个定义,但每个定义都有悖论,各人的散文观放一起就常常互相打架。

散文不必都抒情

我总以为,小说是讲述,诗歌是咏叹,散文则是说话。你心里有话,很想说说,就用笔说出来,怎样说能准确地表达,就怎样说,怎样说能表达得真切,就怎样说。说的时候要从容,自由自在,万不可拿做文章的架势,更不可遵从那个"源于生活,高于生活"的说教,一高,就假了,就不自然了,就做作了,就忸怩作态了,就委屈了自己,也委屈了读者。如果叫我给散文下定义,那就是,真真切切地自自然然地说出一番话。说的可以是一个人、一件事、一片景、一点理,也可以是一缕思绪、一点感慨、一种体悟、一腔愤懑。当然,这说话不是唠叨,不是陈谷子烂芝麻一个劲儿往外倒,而是要说那些不说不能自己的话、自己和别人都没有说过的话。

说话并不都是为了抒情,或者说,在大多数情况下都不是为了抒情。散文不是专一用来抒情的工具。可我们的散文动不动就抒情,就作抒情状,无情装有情。报刊上这样的东西不少,有的书干脆就叫《×××抒情散文选》(我就买有《臧克家抒情散文选》,其中大部分作品都是记叙文、说明文、议论文,单单抒情的很少),似乎不抒情就算不上散文。我最讨厌这种现象。一味地强调抒情,势必造成伪情、矫情、滥情,嗲声嗲气,撒娇卖乖,让读者看了恶心。有位著名的文论家板上钉钉一般说道:"散文就是要写情。"此说甚谬,极易误导习作者。人哪有那么多的情可抒。若照他说的办,散文家都得是制造情的工厂。韩愈是古代的散文大家,可他的《韩昌黎集》里真正称得上抒情散文的不过《祭十二郎文》、《送董邵南序》等若干篇而已。周作人是现代散文大家,作品数以千计,抒情的文章百篇中却不占八九。为什么到了当代,写散文都要抒情,难道现在的作者都成了情种?

按说,诗应当是抒情的,可白居易的"绿蚁新醅酒,红泥小火炉。晚来天欲雪,能饮一杯无?"(《问刘十九》),就不抒什么情,只是以诗代简,告诉朋友我有新酒,屋里暖和,快下雪了,今夜能来喝一杯吗?苏东坡的"横看成岭侧成峰,远近高低各不同。不识庐山真面目,只缘身在此山中"(《题西林壁》)也没抒情,只写出一点哲理。宋人常常以理入诗。诗尚如此,况散文乎。

我以为,与其强调写情,不如强调写心,写出本心、真心、赤心、诚心、平常心、不加掩饰的心、没有变形的心、未被私欲铜臭熏黑的心。情有所动,当然就写情,心有所知、有所识、有所思,那就写自己的知、识、思,有所喜、有所忧、有所惑,就写这喜、忧、惑。也就是说,要说本真的话、赤诚的话,把心捧给读者。说半点谎话,就显出了虚心假意,就写不出一篇真散文。散文家直接站在文章中面对读者。散文是裸体艺术。是真心实意,还是矫揉造作,读者一望而知。所以,散文不能作假,一假,当即就露馅儿,读者马上就能识破。目下文坛,假散文不少。不必怕在散文里写出真实的自己,即便自己平凡、卑贱、渺小也没关系,只要真实地写出这平凡、卑贱、渺小,也会得到读者的理解和同情,甚至赞赏你的真诚。如果硬把自己写得高大完美、多情善感,必然遭到读者哂笑。荆钗布裙、素面朝天,总比浓妆艳抹、珠光宝气让人容易亲近。我就写过自己的一身土气,跟不上潮流,别人并没有小看我,反倒觉得这人还算老实。连贾平凹也说我本质、本分、本色。这评价不算高,我却觉得这就不错。散文家应是性情中人,过的是散文式的生活,有社会责任感,也有闲情逸致,美好的一面和丑陋的一面都敢于展示给世人。郁达夫在公开出版的《日记九种》里,毫无遮掩地写自己如何放荡——"曾因酒醉鞭名马,生怕情多累美人",一而再、再而三地后悔,痛骂自己。读者并不认为他可鄙可恶,反倒觉得可悯可爱。他的坦诚,叫人感动。

散文不好写

我前边说,真真切切自自然然地说出一番话就是散文,这只是针对装腔作势、搔首弄姿的做派说的,还远远没说到家。说出的那番话固然可以算散文,但不一定是好散文。接下来我要说的是,散文不好写,好散文尤其难写。当然写诗、小说也不容易,但我觉得散文更难。诗歌分行,有节奏美(过去还押韵,有音韵美),除了长诗、叙事诗,篇幅都不长,写出一点诗意、一两个佳句,就算好诗。小说有跌宕起伏的故事、生动鲜活的人物,故事情节和人物命运就能牵着读者自觉自愿读下去。散文有啥?那些都没有。散文只能靠作者的真心真情真知真见吸引读者(还有更重要的是语言,这我后边谈)。而这些都不可多得,受到刺激才能掏真心、吐真情,即便风月场里的贾宝玉也不可能对什么都动心动情;真知真见能有多少,即便哲人也不可能看见什么都会有新的发现。

有个词叫情趣。我想到,与其一味在散文里写情,不如写趣,理趣、意趣、风趣,有趣也讨人喜欢,但能写出趣的人自己必得先有不俗的天趣、雅趣、妙趣。还想到一个词叫趣味。与其写趣,不如写味,写出味道才是好文。周作人的文章有苦味,鲁迅的文章有辣味,废名有涩味,沈从文有水味,张爱玲有破落贵族味,董桥有古书洋书的书卷味。苦甜酸辣香臭腥膻,八味中,苦为首,苦味最长,最耐品,比如品茶,就是品淡淡的苦味。所以,有一联语说:"无情岁月增中减,有味诗书苦后甘。"辣味最冲,有冲击力,鲁迅的文章就把人冲得够呛。最怕写得甜,甜就容易浅,就没有后味,一个劲儿甜蜜蜜,文章势必轻飘飘。甜多了,叫人腻,就像余光中说的"这类文章像一袋包装俗艳的廉价的糖果,一味的死甜",总让人败胃口。我在贾平凹的书房见他自写一副对联,上联就是"文章自古忌甜腻"。大家的文章,绝无以甜味著称的。写出不同于别人的趣和味,或许就离大家不远了。韩石山给我的一封信里言道:"梁启超说,若将他的身体做化学分析,只有趣味二字。多年来,我的写作,也一直本着这二字箴言。"能写出趣味,除要有阅历、学识、才情垫底外,还须有长久的修炼,我们一般人不可能轻易达到那种境界。

还有,既然散文是说出一番话,那话就来自大家平常说的话,而把平常说的话变成散文语言,就不是一个简单的事。人都会说话,说的都是散文,没人张口就是诗、一说就是小说。莫里哀的喜剧《暴发户》里,商人儒尔丹听说他的一句话"尼哥,给我把拖鞋和睡帽拿来"就是散文,很是激动,不禁得意地大叫:"天啊,我说散文说了四十年,自己还一直不知道!"人说的话固然是散文,但不是作为文学作品的散文。如果是,会说话的人就都是散文家了。还是余光中说得好:"我们生活在一个散文的世界,而且往往是二三流的散文。我们用二三流的散文谈天,用四五流的散文演说,复用七八流的散文训话。"把自己说的话变成笔下的散文,必须用减法,减去不需要的,留下有用的,这拣选,最要功力,弄不好,就像贫寒人家搬家,把破筐烂篓、破铺衬烂线统统带上,一件也不留;有功力的散文家,就只拣最有价值的、言简意丰的、一以当十的,像富贵人家乔迁,陈旧家具一律扔掉,只拿上金银细软、存款证券。小说家相反,写小说用的是加法。作者心里往往先有一个不太鲜明的人物,或一个并不完整的故事,而后一步步增添,从天南海北、过去现在找材料补充,只要需要,一切都可为我用,直到人物形象丰满了、故事情节诱人了,才罢手。还可以说,除了思想,写散文要靠性情性灵,写小说要靠生活积累。既写小说也写散文的冯骥才说:"亲朋好友中哪一位做了件愚蠢或机警的事,不相识的人意外碰到什么福祸,都可能从中引出一篇小说。小说常常是别人的事,散文却必须是自己的事。即便写别人,也是写自己。小说往往是身外事,散文大都是心中事。如果说,小说是从别人那里折一段绿枝,插在自己心上,散文便是从自己心里钻出来的芽子。谁知道这种子是什么时候埋在心里的,谁知道这种子埋多久才发芽。小说容易碰到,散文却不易碰到,散文几乎是等来的。"他还说过,看一个作家的功力如何,让他写篇散文好了。余光中也说,散文是"作家的通行证"。这个通行证不是随便可以拿到的。

王国维说:"散文易学而难工。"这话很对。只要粗通文墨,都能写出一篇两篇,就连写书信、日记、报告、检讨、状纸、申诉材料、离婚协议书,也都是散文体的,但都不是有档次的散文,毫无文学价值。这就有高低之分,雅俗之分,文野之分。司马迁的《报任安书》也是书信,诸葛亮的《出师表》也是报告,却都是千古名文。即便成熟的散文家,也不可能每篇都"工",真正的代表作、优秀之作、可以留传后世之作,都是少数,或许只有一两篇、三五篇。

散文不容易出新

新时期以来,小说、诗歌乃至戏剧,都有很多变化,从内容到形式都弄出一个又一个新名堂。比如小说,几年间硬是把西方的各种主义和流派都拿来演习一遍,现代主义、后现代主义、魔幻现实主义、黑色幽默、荒诞派、意识流、结构啊解构啊等等,都成了小说家手中的武器。尽管学得也许不地道,毕竟取得了杂交优势,结果小说的面貌变了,题材开阔了,手法多样了,对人、人性、人的内心世界、人的命运遭际、人和周围一切的复杂关系的开掘深刻得多了。诗歌也是如此。如今的诗,和从国外翻译过来的现代诗起码在形式上很像。小说、诗歌几乎是来一场革命,而散文,革新一下也艰难,从来没见到外国的主义或流派被中国的散文家接受并运用。我总认为,中国的散文这种文学样式是欧美所没有的。拿英语文学文体说,翻译过来可以算作散文的有 prose、essay、sketch、reportage,但没有一个词可以和中国的散文对应;中国的《醉翁亭记》、《赤壁赋》、《从百草园到三味书屋》、《桨声灯影里的秦淮河》,如果翻译成英文,不知道应当归于 prose 还是 essay。而小说、诗歌则完全可以对应。外国的散文远没有中国发达,远没有中国给散文赋予那么大那么多的使命。他们的文学主要靠诗歌、小说、戏剧支撑,散文之类的地盘很小。在中国,小说和戏剧原来就不算文章,不登大雅之堂。

可以说,散文是中国的国粹,比中国画、中国戏曲还"粹"。散文一直顽固地沿袭着老祖宗创造的路数,一直是遵古炮制,求变求新谈何容易!中国是诗的国度,也是散文的国度。三千年前产生《诗经》的同时,就有了《尚书》,《尚书》应是最古的一本散文集。春秋、战国时代的诸子百家都是散文家。秦朝没有留下什么诗,倒有散文,如李斯的《上秦始皇书》。此后,两汉、魏晋南北朝,代有名家,名作迭出。到唐代,在诗歌繁荣的同时,散文也发达。当时不叫散文,叫古文。唐宋八大家是古代散文的八座高峰。到明清,有前七子、后七子的散文,公安派、竟陵派、桐城派、性灵派等等的散文。虽然风格有变化,语言有艰深和浅易的不同,但大架势还是和前人一脉相承的,几千年没有重大变化,没有质的飞跃。

"五四"后新文学的散文,直接继承三袁、张岱,只不过语言由文言变了白话而已。30年代前后,散文繁荣的同时,大量印行明清小品,就从侧面说明了这种传承关系。1949年以后,由于"左"的文艺政策,整个文学都陷入尴尬,写散文的更是倒退,倒退得连"五四"以后的散文也远远赶不上。古人散文,有载道和言志两类,"五四"散文只继承了言志的传统,即藉文章倾诉自己对自然、社会、人生的观察、思考、领悟。这正是文学的分内之事。而建国后的散文(除去反右前夕和1960年闹灾荒的两个短暂时期),都成了载道散文,只不过,当年韩愈们载的是孔孟之道,秦牧、杨朔们载的是一时的政治之道。就连巴金、冰心、茅盾也都写批胡风,反右派,歌颂"大跃进"、人民公社的文章。不是他们没本事,是环境给他们套上了精神枷锁,即便使出浑身解数也断然弄不出有点模样的散文。

散文真正复苏、发展,是上世纪80年代以后的事。刚开始,走的仍是杨朔的路,只不过杨朔歌颂的是人民公社之类,那时散文反映的是粉碎"四人帮"后的大好形势罢了。新时期推动散文发展的,不是专搞散文的人,而是过去不写或少写散文的小说家、诗人、学者、艺术家。

小说家写的散文,我觉得史铁生的最好。他反观内心,探幽发微,有真知,有禅味。张承志的我不喜欢,但他确有自己的追求、自己的特色。莫言、刘恒等人偶作散文,也都不同流俗。诗人写的散文,周涛最大气,应是散文界的豪放派。流沙河的散文文短意长,语言精美,是散文中的绝句。学者写的散文,首推余秋雨,是他最先把文化散文弄成了气候。他的走红,一半因为文章确实好,一半是他会利用媒体造势,于是就风行天下、洛阳纸贵了。张中行出书极多,最具特色的是最先出的《负暄琐话》(后继的《续话》、《三话》就相对差些),虽是白头宫女说玄宗,却说得有情趣、有滋味。到后来,老先生的文章就啰唆了,话多意少,趣味索然。艺术家写散文,吴冠中、黄苗子、黄永玉等各有千秋。他们是用文字描绘心中的画,或尺幅,或长卷,都摇曳多姿、斑斓多彩……他们都是一时兴起客串散文(也有反客为主一直写下去的,如余秋雨,读者仿佛已经忘记了他原是戏剧理论家），只管按自己的意思写，所以一出手就别开生面，叫人耳目一新。

这些人开拓了散文的领域，给散文注入了新的活力，或者说把散文做大了，做出了不同的风采，这已经十分了得。但是，在创作思想、创作方法上，都没有多少突破，没有改变中国散文的本来面貌，就像一个孩子长大了，由幼稚少年长成了有头有脸的青年、壮年，看来是成熟了，但长相乃至脾性仍酷似他的前辈，仍改变不了他父母、祖父母的遗传基因。所以我说，散文创新很难。

令人欣喜的是，有一批年轻的散文家，如黑陶、汗漫、车前子、雷平阳，正在探索、实验，成败如何，尚待时日。

重要的是理论创新。我们只有古人创造的传统散文理论，一说就是辞章、神韵、格调、风骨、意境、性灵等等。我们缺乏指引散文发展的新的理论。今天的评论家衡文，还常常利用故纸堆里的认识论、方法论和前人早已用滥的词语。这是个大问题，可惜我没能力多说。

写散文不能随便

我前边讲，真真切切自自然然说一番话就是散文，还应当进一步说，这番话不是语无伦次，不是信口雌黄，不是东扯葫芦西扯瓢。话的说法最有讲究，先后、层次、详略、虚实等等，都应有妥当安排。

鲁迅在《怎么写》一文中说："散文的体裁，其实是大可以随便的，有破绽也不妨。"我则以为，用什么形式，书信体也罢，日记体也罢，当然可随作者便，但一开笔就不能再随便，也不能有破绽。一字一词、一句一段，都务必反复掂量，都须得恰到好处。最佳的状态是精雕细琢而不露痕迹，惨淡经营而浑然大成，看似随意为之，实则匠心独运。修炼到相当程度，功夫已臻于化境，到那时才可以随便，因为已经"从心所欲，不逾矩"了。我读鲁迅的《野草》、《朝花夕拾》，就看不出随便，更找不出破绽，而他写作时可能是随便的，意到笔随，文不加点。刚开始习作就随便，肯定写不出名堂。

最该讲究的是语言。散文的语言尤其不能随便。散文没有小说、诗歌的先天优势，要取悦读者，最先需要的是语言优势。文学是语言艺术，散文更是语言艺术。没有一个语言平庸的人会成为出色的散文家。语言是散文的直观外壳，是思想、感情、哲理、艺术等等的唯一载体。读散文首先是读语言，在欣赏语言的同时，才接受作品中的其他一切，语言砸了，一切都完蛋。作家的风格，主要是语言的风格。如鲁迅的《秋夜》："他简直落尽叶子，单剩干子，然而脱了当初满树是果实和叶子时候的弧形,欠伸得很舒服。但是,有几枝还低亚着,护定他从打枣的竿梢所得的皮伤,而最直最长的几枝,却已默默地铁似的直刺着奇怪而高的天空,使天空闪闪地鬼䀹眼;直刺天空中圆满的月亮,使月亮窘得发白。"一读便能读出他的一腔孤愤,他的冷峭奇崛、尖利坚韧、沉郁乖僻。再如周作人的《乌篷船》:"你坐在船上,应该是游山的态度,看看四周物色,随处可见的山,岸旁的乌桕,河边的红蓼和白苹,渔舍,各式各样的桥,困倦的时候睡在舱中拿出随笔来看,或者冲一碗清茶喝喝。偏门外的鉴湖一带,贺家池,壶觞左近,我都是喜欢的,或者往娄公埠骑驴去游兰亭,到得暮色苍茫的时候,进城上都挂着薜荔的东门来,倒是颇有趣味的事……夜间睡在舱中,听水声橹声,来往船只的招呼声,以及乡间的犬吠鸡鸣,也都很有意思。"字里行间透出他的从容安恬,平和冲淡,天然自然。形成风格是作家成熟的标志,甚至是大师与一般写家的分水岭。

　　语言功力,别人是教不出的,按照语言学讲的语法、修辞做文章,只能弄出四平八稳中规中矩的大路货,绝对写不出特色,写不出精彩。要提高功力,全仰仗自己,一靠天分,二靠悟性,三靠长期磨炼。天分且不说,要紧的是在写作中逐渐培养和提高对语言的感悟能力,要有自己独特的语感和对语言的细微差异的敏感性。有时候,换一个词整个句子就顿然活蹦乱跳、熠熠生辉,变一下句式语态整段文章就当即气韵生动、意趣倍增。与其说我们用汉语写作,不如说用汉字写作。字组为词,词联为语,语搭配成句子,句子连缀成文章,这中间的变化空间很大,创造的可能性很多,完全可以弄出万千气象。别人或自己已经有过的说法不可再重复,"惟陈言之务去"。要时时追求语言的新鲜(这要求可能过高,我也没能做到)。余光中曾讲到现代散文的"质料",说:"它是指构成全篇散文的个别的字或词的品质。这种品质几乎在先天上就决定了一篇散文的趣味甚至境界的高低。譬如岩石,有的是高贵的大理石,有的是沙石,优劣立判……对于文字特别敏感的作家,必然有他自己专用的字汇;他穿的衣服是定做的,不是现成的。"我们总是忽视"质料",总习惯穿现成的衣服,作品一般化,就在所难免了。余光中还说:"我倒当真想在中国文字的风火炉中,炼出一颗丹来……我尝试把中国的文字压缩、捶扁、拉长、磨利,把它拆开又拼拢,折来且叠去,为了试验它的速度、密度和弹性。我的理想是要让中国的文字,在变化各殊的句法中交响成一个大乐队,而作家的笔应该一挥百应,如交响乐的指挥杖。"有这股劲,有这种精神,写出的语言当然不会是人皆可为的大白话。他自己也真这样做了,如他的《咦呵西部》,写在美国西部的广袤大地驾车驰骋,充满动感、热力、光和色,语言绝对是前无古人的:"滚滚的车轮追赶滚滚的日轮。日轮更快,旭日的金黄滚成午日的白热滚成落日的满地红……绝对有毒的太阳,在犹他的沙漠上等待我们。十亿支光的刑询灯照着,就只等我们去自首了……因为这是沙漠的七月,拜火教在焚烧所有的异教徒,且扛着太阳在示威。我们不容于天地之间。辐射热当空炙下来,曲折反射成网。车厢是烤箱,翻过来覆过去是一样的不可逃避。犹他的太阳鞭笞着我们,一连七小时的疲劳审问,在最白热的牢狱最最黑暗最最隔音的斗室,我已经准备招供了,招认我是拜水教的信徒……"他的遣词造句,他的比喻联想,确实不落俗套。这就是功夫。

语言这东西,也真不好讲。悟性、感悟、领悟之类,只能靠自己去悟,谁也说不明白,更难金针度人。说到底,还是回到说过多次的那些套话:多读,多写,多思考,多摸索,如此而已。

感激大家来捧场,没有中途退席。完了,谢谢。

2003 年 9 月 17 日
原载《新闻爱好者》2004 年第 1、2、3 期

忘不了父老乡亲
——就《皇天后土：俺是农民》答记者问

周同宾

请问，您为什么要写这个"系列"？

说来话长。我出身农家，饥寒困厄中长大，对农村和农民，有一种先天的情感。虽进城多年，却此情不变。写作品，多写农村题材的；读作品，也多读农村题材的。不知怎的，渐有一种不满足感，觉得农村生活复杂纷纭，农村人物形形色色，在现代文明的冲击下，那一切又都在或快或慢地嬗变中，很有必要为这个特殊的时代留下较为准确的记录，起码能为后人留下一份历史资料。因此，我就想全方位地、不加雕饰地写出我所知道的农村和农民。成与败，且不管它。不写，心中有愧。

为什么要采用"口述实录体"？

我不会写小说，更不擅长抒情诗或叙事诗。若用我已经写过多篇的散文形式，自感远不能尽意。想来想去，只好让农民自己说话了。自己说自己，就会显得真切、实在，更能够直接表现不同的农民的爱与恨、喜与忧、奋斗和挫折、追求和困惑、对人生的感悟和对世界的评判。总之，可以写出不同的农民的不同的心态和生态。

那就得下乡采访了。

对。素材都从远村僻乡、村夫村妇那里得来。

好采访吗？

难。对象难找，有特色的人难找。比如，想找一个性格鲜明、身上又有生动故事的泥水匠，到现在还没找到。即使发现了对象，有的不愿说，有的不敢说，有的没时间说，有的以为你是报社记者，采访后要登报，就只说些"积极话儿"，言不由衷，话不投机；有的，明知他的经历很坎坷、故事很典型，可再三启发，一根接一根向他敬烟，他就是抱着葫芦不开瓢。有一次，碰到个老别偏，一进他院，他就说："上边来人，都找干部，你找我干啥！"我说："想找你拍拍（即聊聊的意思）。"他说："我说话难听，不养人。想听好话找干部去，他们光会给上级说好话，一把豆腐渣也能说得比鳖蛋儿还光。"我说："我就想听你说，说啥都中。"他看我真诚，忙吩咐女人烧茶，又从柜子里找出半包带把儿烟，把我让在木椅上，自己蹲门槛儿，一口气说了一个多小时，无遮无拦，痛快淋漓，语言也很有特色。临了，说："响午错了，这顿饭，想吃肉喝酒，你找干部去，他们三天不陪客就急了。想换换胃口，就在我这儿吃。吃了我的饭，我也不会去找你开后门儿。"还有一次，一个"专业户"娶儿媳，老亲旧眷、左邻右舍、三朋四友，都送了礼，门前搭席棚，待四十桌宾客，好不热闹。我想见识一下那场面，体验一下那气氛，就也送二十块钱（那可能是最轻的礼）。他很感动，当众说："看看，上级领导也来啦！"执意不收我的钱，特意安排我坐"上岗子"（首座），让村支书作陪。主人致罢祝酒词，说声"大家喝吧"，立时间，长棚下猜枚划拳声大作，好一似"沙场秋点兵"，使我眼界大开。那酒宴，一直延续到掌灯时分，才家家扶得醉人归。第二天，我去找他，他从头至尾讲了他的创业史，其兴衰际遇、艰难曲折，真是可赞可叹、可歌可泣……

采访时是带录音机，还是做笔记？

不能带录音机，也不便多做笔记。一那样，采访对象就拘束了，说话就打折扣了，语言也干瘪了。主要是用心记，而后通过回忆写出来。一般地说，记得的，都是有特色的内容和语言；忘掉的，多是不必要的。

发表出来的，都百分之百真实吗？

基本真实。由于种种原因，写作时，一些细节、语言不得不加以改造、变通，也有一丁点儿虚构。这毕竟是文学作品，不是新闻报道，投稿时不须让有关部门盖章，发表后也不会有人查证落实。

您在正文前面声明"意在存真，顾不得艺术经营了"，真的不要艺术吗？

哪能不要艺术！没有艺术性的文字算不上文学。我只是不愿去"为艺术而艺术"，弄那些花里胡哨的玩意儿，只想扎扎实实地写出农民的心声。

请谈谈您的艺术追求。

首先是真，真实，真诚，真切。真是艺术的根基。假话满篇，哪来艺术？农村生活最多姿多彩、多滋多味，我力求能写出它的斑斓驳杂的美、光怪陆离的美、粗野鄙俗的美、苦甜酸辣香臭腥膻八味俱陈的美。一句话，写出生活的原生的美。

语言呢？

我写作，自认为还算讲究语言。写这个系列，着力追求的是语言的质朴、自然，有生活气息，有乡土风味。也就是说，要写出地道的豫西南的农民语言、不同的农民的不同语言。我弄散文多年，对过去习惯了的那种叙述方式、语言格调，早腻烦了，想在文体上做点新的尝试。当代散文家，大都已不满于散文的现状，要"变法"、"维新"。有的从海外借来新招，变得洋里洋气；有的从传统得到滋养，变得古色古香。我则要把注意力投向故土，想使文章土起来……是啊，我是把这个系列当作散文写的,虽然发表时有些刊物把它放在小说、报告文学、纪实文学栏目中。

"皇天后土"是什么意思?

"皇天后土"语出《左传·僖公十五年》:"君履后土而戴皇天。皇天后土,实闻君之言。"千百年来,中国农民敬畏于天,匍匐于地,靠天吃饭,土里刨食,忍辱负重,自甘贫贱,很少想到要改变什么。皇天后土造就了农民,也限制了农民。农民的长处和短处、农民的喜剧和悲剧、农民的思想和情趣、农民的哲学和艺术,皆源于此。近年来,农民是有了变化,但皇天后土钤于心上的印痕很难消退。研究农民与天地的关系,实在大有文章可做。我把这个系列命名为《皇天后土》,私心里,确有深意存焉。

为什么只写九十九篇?

不想效法别人,一定要凑够整整一百篇。写九十九篇,不写足写尽,留点余地,留点想头。我也喜欢"九九"这个最大的阳数。九谐久,有长久之意,图个吉利。

1992年12月31日于南阳无尘居

选自《皇天后土:俺是农民》,文化艺术出版社,2007年

有关文学的答问

周同宾

一个文学讲习班，请我去授课。为了避免无的放矢、泛泛而论，说几句开场白后，就让大家递条子，提问题。问题不厌其多，但求不要太大，太大就难说明白，我也缺乏阐述大道理的本事。几十张条子陆续送上讲台，我尽自己能力一一回答，由一人空谈，变双向交流，课堂就活跃了。随口应对未必允当，偏颇之处自然难免。那天说了些啥，事后大都忘了。不久前，青年朋友小于送来了他整理过的记录稿。我看一遍，觉得部分内容还算有些意思，遂删除一些老生常谈，留下的加以校正，寄出去发表，以期和更多的文学爱好者交流。

您为什么要从事文学创作？如果您去当官，是否也能干出很大成绩？

这问题好回答，又不好回答。正像你去问一个官员："你为什么要当官？"他的现成答案是为人民服务（即便贪官，也不会说为了以权谋私）。但要他具体说，说真话，怕是一句话就说不清了。人人面前千条路，走哪条路，凭上帝安排，也靠自己选择。我所以选择文学，是因为当初觉得文学很可爱，值得为她献身，文学可以使我内心充实、灵魂安妥，也可能使我活得体面些，让人知道我不是庸才，同时，也觉得自己适宜搞文学，头脑里还有几个艺术细胞。至于为人民、为社会等等，那是后来的事。当然，最终能走上文学创作的路，应当感激时代。倒退二十几年，想当作家，除非也有浩然那么大的能耐。文学创作上，我并没有干出很大成绩，自己满意的、读者认可的作品只是少数。说如果我去当官云云，等于说如果我去登月如何，绝对不可能。我只盼文运亨通，不想官运亨通。

您为什么只写散文？是不是写不成小说写不成诗才写散文的？

是的。早些年写过诗，没写成，也想过写小说，掂量掂量，觉得自己没编织故事塑造人物的本事，死了心，专写散文。这情况，似乎并不能证明只有笨蛋才写散文。散文是好写，我们写的工作小结、寻人启事、家信、情书以及"此处禁止便溺，违者罚款20元"等等都算得上散文。我们每天说很多话，说的也是散文。但那些都不是作为文学的散文。真正的艺术散文写好很难，起码不比写好小说、诗歌容易。正像人人都会炒菜，却不能都像厨师那样炒得色、香、味俱佳，我们都会写字，却不能写到王羲之、王献之的水平一样。我写散文多年，越写越觉得写好真难。我体会到，即便有天大本事，写散文也不屈才；即便有十八般武艺,在散文里都用得上。我曾说过,嫁给散文,从一而终;只要在生命的最后能探知散文的真谛也满足,朝闻道夕死可矣。

说一句您也许不高兴的话,我爱读诗,讨厌读散文,觉得写散文的老是无病呻吟。请问:不读散文会不会影响自己成为诗人?

我也说一句你可能不高兴的话,目下有些年轻人明明活得很舒服,不缺钱,也不缺爱,但一写诗总作可怜状,为赋新诗强说愁,孤独呀,痛苦呀,死呀活呀,好似畸零人。这样的诗作总给人以假的感觉,岂不也是无病呻吟?说实话,散文和诗中,都有精美之作,也都有肤浅的、虚假的、让人讨厌的语言垃圾。现在报刊发表散文多,萝卜快了不洗泥,可能让你讨厌的东西更多些。至于说不读散文会不会影响自己成为诗人,我看是肯定的。连散文都写不通,怎能写出美妙的诗句?台湾诗人余光中,诗名远播,散文也出色。他说过,从理论上讲,诗人不必工于散文,正如善飞的鸟儿不必善于走路,邓肯也不必参加马拉松赛跑。但在实践上可以认为,写不好(更不论写不通)散文的诗人,一定不是优秀的诗人。舞蹈家的步行应当特别悦目,歌唱家的说话应当特别悦耳。

您有没有座右铭?比如关于做人,关于文学创作。

年轻时候有,也曾变换几次,后来没了。我发现,任何一条座右铭都不能管人一辈子。座右铭永远正确,但碰上具体事,它往往无能为力。与其让座右铭指导,不如根据自己的判断决定怎么办。座右无铭,可能是成熟的表现。

我发表了几篇作品,参加了市作协,就有人嫉妒,说坏话,怎么办?

"能受天磨真好汉,不遭人嫉是庸才。"有人嫉妒,是好事,说明你比他强了,值得他嫉妒了。对嫉妒者,不必管他,也无法和他理论。只需自己继续努力,弄出更大成绩,更有出息,让社会广泛承认。你应当发表几篇、出版几部在全国叫得响的作品,参加中国作家协会。到那时,他不能不由嫉妒变佩服,由说坏话变说好话。他不变也无妨,听见蝼蛄叫就不种豆子啦?

请实话实说,您有没有退稿?

十年前,确有退稿。这些年没有退稿,因为报社、杂志社为了节省邮费,即便不用,也不寄还。我已经有个经验,写之前就掂量这个东西弄出来能不能发,或发出来会不会惹人笑话,若不能发或发出来丢人,就不写它。既写出,就得找个地方登载,以免无效劳动。斟酌文章的内容、质量,不寄刊物寄报纸,不寄大报寄小报,不寄日报寄晚报,总得让它出世。

我业余时间,一是炒股,二是写诗。请问,文学和股票有什么关系?

汪曾祺在一篇文章里说,西南联大时期,逻辑学家金岳霖给学生作关于文学与逻辑的关系的报告,讲了半天,结论是文学和逻辑没有关系。我看,不必论述半天,也可以说股票和文学没有关系,就像高压线和玫瑰花没有关系一样。

当然,两者都需要聪明智慧,智商特别低下者,无论炒股或者写作,都会砸锅。但两者所要的聪明智慧好像不同。再说,炒股赔了,就要赔很多钱,严重的会赔上性命;写作出来诗文,如果送出去不能发表,不过赔了时间、纸张和邮票,小意思,何况写作过程中自己已经得到了快乐。希望你炒股能赚到钱,写诗能得到精神享受,不必考究两者的关系。

我早就立志,这辈子要当作家。十年来,又读又写,下很大功夫,可只发表过两篇作品,没有影响。您能否预测一下,看我这种情况,到底能不能成为作家?

古语说的"有志者,事竟成",是给人鼓劲的话,但并不意味着有志者都能成功,不成功的或许更多,所以历史上有不少失败的英雄,让人叹息。成功的因素很多,个人的禀赋、潜能,外界的环境、机遇等等,都是。你能不能成为作家,我很难预测,正像我很难预测出别人能不能当上省长、能不能大发横财一样,即便会文王八卦,也很难预测。我想,你自己最了解自己,了解自己的艺术感悟能力和语言表达能力。自己拿不准,可找一两个既懂艺术又敢说真话的朋友参谋参谋。如果确有灵气,就干下去,衣带渐宽终不悔,柳暗花明又一村,成功就在前面;如果不行,干脆拉倒,重新立志。人生的价值可以在多方面实现,不必一棵树上吊死人。鲁迅的爷爷教诲自己的子孙,有一句话:"读书不成,倒不如去学做豆腐。"可以套一下:搞文学不成,倒不如去给经理写讲话稿,文学爱好者的语言功夫一定比他的秘书过硬,写出来绝对顺口、生动,说不定还能当上白领呢。

×××的散文一直走红,可说他坏话的也一直很多。你怎么看待这个现象?

他的文章确有自己的特色。正是他,先把文化散文做大了,不少人都学他。将来如果有人为当代散文写史,他必占相当篇幅。问题是他似乎太张扬,太爱借媒体炒作。越炒名气越大,书也就卖得火。他的作品中确有缺点或纰缪,有人指出,有则改之,无则加勉可也,何必亲自辩白,甚至要上公堂讨说法。这就不够大气了。钱钟书的《围城》里,有一个比喻说:"猴子上树之前,屁股也是红的,只是没人注意而已;一旦登高,万众瞩目,红屁股就再也无法掩饰了。"他遭指责,大半因为太显赫、太好出头露面,实乃声名之累。如果谦恭为人,谨慎作文,默默地干自己的营生,怕就没有那么多是非了,也可能成就会更大些。当然,如那样,他就不是今天的他了,他的书的畅销程度也会受点儿影响。

在现在的社会生活中,钱是很重要的,人们都在生办法挣钱,作家写作是不是也为挣钱?

是啊,钱是重要,不只现在重要,自打世界上出现了钱,钱就重要。中国谚语说:"腰里没铜,寸步难行。""有钱能使鬼推磨。"外国人也说:"背上驮着金和银,毛驴上山也有劲。""有钱能叫马儿跑。"作家也是人,也要消费,也要养家糊口,当然也需要钱。但是,写作这事儿和做生意、打麻将很不一样,主要是追求精神,是感情、情绪、心理需要,而不是物质需要,虽然作品发表后能换得多多少少稿酬,那只是写作的副收获。一心为赚钱而写作,怕是写不出好东西的,而且,"爬格子"能赚几个钱?除非写出畅销书或者黑了心炮制那种诲淫诲盗的卑劣文字。严肃的作家清贫者居多,所以有句话说:"诗人口袋里什么都有,就是没钱。"陆游有两句诗说:"行遍天涯等断蓬,作诗博得一身穷。"钱钟书也说:"贫穷乃害人之物,然,它如鬼神偏爱士人。"人要活下去,当然需要钱,人要活出意义,还需要精神;人活得质量如何,起决定作用的是精神。记得一个侨居外国的华人作家说过这样的话:钱能买来权力,但买不来威信;钱能买来房屋,但买不来家庭;钱能买来老婆,但买不来爱情;钱能买来伙伴,但买不来朋友;钱能买来书籍,但买不来知识;钱能买来纸笔,但买不来文思……精神不是万能的,钱也不是万能的。疯了的尼采说过一句清醒的话:"人生的幸运,就是保持轻度贫困。"

现在的文坛上,新名堂很多,"新生代"、"新体验"、"新写实"、"新状态"、"新历史主义"、"新市民小说"……请讲讲它们的区别。

这么多"新",确叫人眼花缭乱,我也分不清它们都有哪些不同,似也没必要分清。正像去商店购物,不必太在乎它的招牌,只注意它出售的东西是不是货真价实就行了。打出一杆写上"新"字的旗子,大抵意在招徕。它新不新、好不好,一读作品就会明了。

2000年11月13日
原载《新闻爱好者》2001年第1期

答阿根廷友人墨乔先生问

周同宾

1986年岁暮,阿根廷友人墨乔先生远道来访,勾留三日,言谈甚洽。他向我提出若干问题,大抵是关于生活与创作的,我一一作了回答,或详或简,俱是实话。

问:您是怎样走上文学道路的?

答:我出生在贫穷的农村,祖父母和父母都是地地道道的农民,朴实、善良,却都不识字,过年的对联儿请人写,也请人贴,怕贴颠倒。1949年,我八岁,开始上学,一直到1961年,专科学校毕业,参加工作,先教中学,后当干部。童年,没看过连环画,没读过小人书,更不知道安徒生和他的《卖火柴的小女孩》以及《白雪公主》、《小红帽》,只听奶奶讲过《八百老虎闹东京》之类的民间故事,念过"小老鼠,上灯台"之类的儿歌。入初中,读了大量文学作品,从巴金的《家》、郭沫若的《女神》到比留柯夫的《海鸥》、伏尼契的《牛虻》,从《诗经》、《楚辞》到晚清小说都读,无选择地、拼命地读。读了便写,写了成本成摞的幼稚的文字,只有少数变成了铅字。真正发表散文,是1963年。"文革"前,发了几十篇。浩劫开始,因写文章,成了"黑帮",挨批、挨斗、罚劳改,用写过"毒草"的笔,无休无止地写"检查"。后来,允许"创作"了,但在那样的气氛中,根本不可能写出真正的文学作品。粉碎"四人帮"以后,政治日趋清明,社会日趋安定,文艺创作日趋繁荣。我受到鼓舞,一发而不可止,觉着时时有创作的念头萌生。几年来,长长短短,好好差差,陆续发表了二百余篇散文。第一本散文集将由黄河文艺出版社于近期出版。另有一家出版社愿意印我的第二本集子。学散文,很难,越写越感到难。我觉着,目下我仍是习作者,好像还没有真正走上文学创作的路,或许一辈子都是习作者,不会有大出息。当然,也有人称我为"作家",我听后赧然。我知道自己的能耐,我知道我还达不到一个真正作家的分量——虽然在目前,包括作家在内的一切"家"都大大贬值。

问:您的作品,多写农村生活。我觉着写得很有味。请问,您是怎样得到那些题材的?

答:我是农民的儿子。我身上,环流着农民的血液。吃红薯、喝玉米糁长大。除了耩地、扬场,会干一切农活,自然对农村生活较为熟悉。农民的哲学思想、生活习惯、是非标准、文化观念、审美趣味,深深地影响了我。这当中,有好的东西,也有不好的东西,直接或间接地,都反映在我的散文中。我的散文,如果有些长处,那是农民的长处;若论短处,那是农民的短处。我从不硬写,也不瞎编。我的作品多没有巧妙的构思、缜密的章法,总是按照自己的好恶,根据自己的观察、自己的积累、自己的联想,信笔所之,一一写来,很多地方,几乎是实录。说到味,农村生活本来就有味。这味,不光是甜的,还有苦、酸、辣、香、臭。有一阵儿,我的作品多写甜味,追求所谓"诗情画意"。写着写着,读者反感,自己也腻了。于是,我便照生活的本来面目去写,让各种味杂在一起,溶在一起。市上卖的多味葵花籽,很好吃,很耐嚼,就是因为那里面不光是一种味。一种味,便无味;多种味,便有味,便余味不绝。农村生活的各种味合在一起,便是乡土味,醇美,浓郁,可以醉倒人。可惜,故乡生活的丰厚深长的乡土味,在我的作品里,充其量只能体现万分之一;弱水三千,我只能取一瓢饮。这,只怪自己笨。

问:在您的作品的语言里,我觉着,有农民的话,有现代的书面语,也有不少古代的词汇,三者结合得很好,句子短,读着有一种音乐感。我想,这可能就是您的语言风格。您说是吗?

答:严格说来,我的语言还谈不上风格。我只是有一点追求。文学是语言的艺术。小说靠人物、故事抓住读者,散文没这个优势,只能靠感情和语言吸引读者,感情也是靠语言表达的。中国人称好的散文为"美文"。这主要指语言。这里的"美",并不是指华辞丽藻的堆砌(那样,反倒是丑),而是指语言的准确性和个性。汉语的语汇太丰富,找到合适的词儿委实不易。要写出属于自己的有个性的语言,更难。有成就的散文家,古代的且不论,单"五四"以来,鲁迅和周作人,孙犁和贾平凹,其语言都有明显的个性,读他们的文章,不看署名,也能一眼看出就是他们的文章。这,使他们明显地有别于其他人,卓然自成一家。我十分倾慕他们的散文。"高山仰止,景行行止。"自己也企图使自己的语言逐渐具有某种个性。诚如您所说,我的散文短句子多。我不想在每个名词前都加上形容词,在每个动词前都加副词。我不喜欢某些中国人做文章硬搬你们外国的语法,动辄定语、状语、补语、复加语一齐上,使句子井绳似的长。读这些作品,我总觉得累,没工夫喘气。为着使话说得尽量简短,必须浓缩自己要表达的意思,力争使最少的字词容纳最多的内涵。这样,作品中便有了空间,可以由读者去想象、补充、再创造。中国画讲究"留白",即在画幅上留出多多的空白,绝不画满。李可染画水牛洗澡,只画出牛头、牛背、牛尾,但十分传神。如果将浪花、波纹、水珠、池面全画上,画便死了。再,句子短些,更能显出语言的节奏感,有音乐效果,且容易造成轻松、舒缓的气氛,使人读的时候不致太费力。散文是欣赏的,谁愿意拿着散文使自己精神紧张、心跳加速呢?

问：刚才，您提到几位散文作家。请问，您最喜欢哪些作家的散文？

答：先秦的，喜欢《庄子》。读《庄子》，是很好的享受，特别是在疲劳和心绪不佳的时候。还喜欢柳宗元的散文。他的名篇《永州八记》（近来有人说应是"九记"），描绘了荒蛮之地的山山水水，也活脱脱画出了他自己，一个历经困厄、带着累累精神创伤、不得不寄情山水的活人。清人吴楚材、吴调侯编选的《古文观止》，是一部很好的古代散文选本。我读过多遍，一些名篇现在还能背诵。现代的，如前边说的，喜欢鲁迅和周作人的散文，还有郁达夫的游记、小品、日记。当代的，喜欢孙犁和贾平凹的散文。

问：外国作家呢？

答：我有一观点，或许是偏见：散文是中国的"国粹"，在欧美，恐怕还没有一种和中国的"散文"相同的文体。以英语国家说，他们有 essay、prose、sketch、reportage，那只是散文的一个个分支。中国的散文名篇，如《秋水》、《出师表》、《陋室铭》、《赤壁赋》、《祭妹文》、《荷塘月色》、《从百草园到三味书屋》、《故都的秋》、《乌篷船》……归入它们中的哪一类似乎都不合适。同样，外国的散文作家，如英国的罗·皮·史密斯、法国的波特莱尔，在外国很有名气，在中国却影响甚微。前年，一家出版社印了本《外国散文名篇欣赏》，我读后，很多篇不对味，无从欣赏。这，或许是由于中外散文观不同，欣赏习惯不同所致。中国新时期文学中，小说、诗歌，乃至话剧，从国外引进很多东西。散文则不然，没见人引进或自我标榜什么洋的"主义"或"流派"。这正表明中国散文的独特性或顽固性，也是近年散文发展不尽如人意的一个重要原因。我居处偏僻，孤陋寡闻，说的或许不对，请原谅。

问：您读过哪些拉丁美洲文学作品？印象如何？

答：很遗憾，拉美文学过去中国介绍得不多，我读过的更少。50年代，我还是中学生的时候，智利的巴勃鲁·聂鲁达的诗歌，开始翻译到中国，诗人也访问中国，和中国诗人艾青结为挚友。聂鲁达的长诗《伐木者，醒来吧》，是我和我的同学们最爱读的外国文学作品之一。近年来，拉美文学崛起，震惊了世界，诚然如您所介绍的，博尔赫斯、瓦加斯·略萨和加西亚·马尔克斯的作品都有着广泛而深刻的影响。我只粗读过马尔克斯的《百年孤独》。这本书在现在的中国文学界，几乎是众口皆碑。它的魔幻现实主义的创作方法使中国作家和读者大开眼界，而且它揭示的内容和显示的力量，也是相当动人的。《百年孤独》可算是拉美的乡土文学。越是乡土的、民族的，越容易成为世界的、各民族的。正如您所说的，好的文学作品是没有国界的，因为各个民族的心是相通的。

问：下一步，在创作方面您有哪些打算？

答：目前和将来，我还是要致力于散文。越写，我越觉着这种文体有意思，或许毕其一生,我仍不能登堂入室,不能窥知其深奥微妙。我愿意继续磨炼我的笔,探索散文创作的真谛,争取每年都能写出几篇让读者说声"还好"的散文。在题材方面,恐怕仍是以农村生活为主。我知道我的作品气势不恢宏,题材不开阔,更缺乏深邃博大的内涵。这几乎是没办法的,气质、修养、阅历使然,想改变也改变不了。

问:多到外地走走看看,多接触一些农村以外的生活,对扩大题材、拓宽视野,会有好处的。您出外旅游吗?

答:中国古人就主张"读万卷书,行万里路"。多走多看,是有好处的。在中国,摇笔杆子、爬格子的人不少,自费旅游的恐怕不多。不过,近年来时兴开笔会,不少报刊编辑部每年都邀请一批作者"雅集",地点总选在风景佳丽、文物集中的地方,伙食有补助,住宿费、车船费等均由国家报销。外国的作家没有这样的好事吧?我每年都参加几次笔会,去过天南地北,登过名山,游过名胜,坐过江船,乘过海轮,确见过不少惊人的景致。可我写游记不多,因为没有独特的、深切的感受。我讨厌那种靠一堆漂亮的形容词装点的导游书似的所谓"游记"。当然,每次外出,我都有收获。如画江山,开阔了胸襟,陶冶了性灵,还借机和文学同行进行了交流和对话。如果不是这些机会,我恐怕至今还是一个足不出县的"乡巴佬"。

问:您在《人民日报》发表的那篇《纺车儿》,我很喜欢,译成外文后,我的朋友也喜欢。请问,这篇文章您是怎样写成的?

答:我非常熟悉纺车儿。那有着悠久历史的效率极低的纺线工具,家中曾有两架,祖母和母亲都纺线。我的童年的夜晚,漫长苦寂,只有纺车儿的嗡嗡声伴着。我是穿着土布衣服上学念书的。由于中国革命的成功,农民生活一步步提高,机器织的"洋布"渐渐代替了土布。纺车儿越来越少了,尚存的,青年人鄙视它,老年人却不愿丢掉它。纺车儿的兴衰,是中国农村生活的一个缩影,细想想,很有意思。目下的农村,正经历着变迁,物质上由贫穷变向富裕,精神上由封闭变向开放。古老的与时髦的、传统的与现代的,驳然杂陈,光怪陆离。小脚老婆婆穿着尖头胶鞋踏泥踏水去看电视;娶亲嫁女要找历书,择吉日,拜天地、拜高堂的时候,双喇叭立体声收录机却放着流行歌曲。这是农村生活的新风俗画。在变革中,农民的思想、信仰、道德规范、价值观念,乃至流传了几千年的家常理道,都不能不变。这当中,必然会产生波及每个家庭的曲曲折折。写《纺车儿》就是基于这种认识。当然,我写得还浅。

1987 年 1 月 10 日

选自《周同宾散文自选集》,河南文艺出版社,1998 年

文学亦是"心学"
——答评论家孙晓磊问

周同宾

您的处女作发表在何时、何种报刊？当时的心情如何？您的代表作及迄今您认为最满意的作品是什么？为什么？创作它们时的心境如何？

1958年春，上高中二年级时候，我的"作品"第一次变成铅字，在《南阳日报》的报屁股上，是一首顺口溜，当时叫"大跃进民歌"。关于这事，曾应约写过一篇《我的处女作》，收在散文集《豆的系念》里，不必再说。嗣后，又在《南阳日报》、《河南日报》、《郑州晚报》发过多篇小诗小文，都很幼稚。现在想，我的差不多算得上"处女作"的散文，应当是《奔流》1965年第5期发表的《散文二题》，一篇叫《日出》，一篇叫《一杆旱烟袋》。陆续寄去三篇，来信说发两篇，信末没署名，只盖了编辑部的公章。（20年后，我才知道责任编辑是徐慎。在省文联见到他，他说："我是你的伯乐。"我说："可惜我不是千里马，是一头小毛驴。"）《奔流》是省级刊物，权威得很啊。可只能暗自高兴，不敢张扬，怕说不务正业。自上高中以来，我一直戴着"只专不红"的无形帽子，抬不起头。（还记得，收到45元稿酬。用这笔钱买了几十本文学书，其中有《脂砚斋重评石头记》，精装的，不到两元钱。那时我是中学教师，月薪42.5元。）1999年，编四卷本《周同宾散文》时，曾想把这两篇收入，看看太差，舍弃了。"文革"前的东西都太差，实在羞于再拿示人。"代表作"云云，自己真说不清。《皇天后土》由于某种机缘，影响大些，算是代表作？说实在话，那99篇中，1/3较好，1/3一般化，1/3较差。我倒看重《古典的原野》里的一些篇什，如《土地梦》、《饥饿中的事情》、《乡关回望》等。（还觉得有若干单篇短文不错，似乎可代表我的创作水平。）凡满意的作品，都是有话要说而又能说得恰到好处的作品，写起来意到笔随称心顺手，隐隐地有一种享受感、迷醉感、造物主创世的成就感和愉悦感。如果写起来别扭，执笔踟蹰，意瘠词穷，如坐针毡，如受洋罪，弄出的肯定是烂货。

您获奖的作品有哪些？您认为获奖的内在原因、社会反响和专家评论是什么？您的创作谈、经验和不足？

在报社、杂志社、文联系统的评奖中，有30来篇作品获奖，不必具体说了。那大大小小形形色色的证书还在，已积尘盈寸。集成书的作品，《皇天后土》获中国作家协会颁发的首届鲁迅文学奖优秀散文奖及河南省政府颁发的第三届优秀文艺成果奖,《情歌·挽歌》和《古典的原野》先后获省政府颁发的第二、四届优秀文艺成果奖。《皇天后土》获奖后,写过一篇《获奖者说》,登在《大河报》,收入《豆的系念》。《古典的原野》获奖后,写过一篇《继续写吧》,发在《南阳日报》。从那两则小文中,可见我的心迹。说过的话,兹不重复。获奖的事早已是明日黄花,不可再饶舌,再说就成了阿Q:"我们先前,比你阔的多啦!"作家写创作谈,实在是愚蠢的事,是不自信的表现。有作品在,读者自有褒贬,你还谈个什么。遗憾的是,我已写过不少,自作多情,作传道授业解惑状,何必呢?至于不足,或者困惑,倒值得一说。写了几十年,写出千余篇,是否已经写出了自己?能否再有些进步?我受中国传统文艺思想、文学观念影响太深,如土地趋于板结,古典散文和"五四"以来散文启发了我,也限制了我,如老了的蚕被茧所缚,想有所突破、有所变革,太难。我还算努力,并没有停止思考、停止探索,但总是找不到门径,大着胆子变了几变,有点儿万变不离其宗,差不多还是那么个模样。盼眼光尖利的评论家指点我,批得体无完肤也好,只要能指出一条路,但迄今没有。读到过几十篇专家的评论文章,几乎没有一篇让我茅塞顿开、如梦初醒。"第一次为农民立言"啊,"写出了农民的生存状态"啊,"留下一份二十世纪中国农村的活的档案"啊,等等,光说好话,大而化之,很少做具体的艺术分析,不能找出作者艺术创造中的症结所在。这是这些年来文学评论的通病。

您的生活经历、工作经历及创作简历、创作的心路历程?

写过一篇长文《我的文学路》,已收进《周同宾散文》第四卷《文心春秋》。该说的都说了。再说几句,我庆幸此生选择了文学。为它,挨过整,受过苦,也得到无尽的快乐、温馨和颇为欣慰的成就感——尽管我的成就还小。算总账,值得。社会认可周同宾不是笨蛋,这一辈子也算没有白活。

您的文学观和创作观念是什么?文学追求是否已成为您生活的一部分?

与其说文学是人学,不如说文学是"心学"。文学就是要表现人的一颗心。以心换心,以心照亮心,以心感染心,以心启迪心,以心寻求另外的心一块儿律动,以心传递对具有普世价值的真善美的切切呼唤。文学岂止是我生活的一部分,几乎是生活的全部,或者说,几乎是生命的全部。在已经能够体面地活着的前提下,还追求啥?升官、发财本来就没有追求,或没条件和可能追求,在其他方面有所建树——比如成为科学家、律师或者歌星——压根就没有过这些想法。除文学,别无选择。我曾说过"嫁给散文"的话,嫁它就要从一而终,决心厮守一辈子,情愿"衣带渐宽终不悔,为伊消得人憔悴"。我曾说过,文学是个白骨精,一旦被它勾引,一生一世别想挣脱。

什么使您选择了创作的道路?您写作的动力是什么?

我开始学习写作，不是为政治、为社会、为人生，或为别的什么，而是因为爱好。读了不少文学书，喜欢了文学，觉得它美，它好，它可爱，它很投我的性情，就想和它结合，从而获得精神的寄托和心灵的安妥。就像少男少女的纯情恋爱，并不事先考虑政治啦、经济啦、地位啦，只是因为爱。爱是感觉，爱是元欲，爱是心心相印，爱是不讲道理的。面对窈窕淑女，君子自然好逑。有了爱，就有了动力，就有了孜孜不倦的坚守。到后来，爱蜕变成了习惯，成了兴趣，成了生活方式，甚至成了生命状态。至于文学的社会功能，那是作品完成之后的事。

在小说、散文、诗歌创作中，您认为最需要知识含量的是哪种文体？最需要艺术天赋和感觉的是哪种文体？

无论哪种文学样式，要想弄好，弄成出类拔萃的作品，都需要多于常人的知识、别于常人的天赋和常人所无的独到的感觉。比较而言，写散文需要广博的知识和学问，写诗需要先天的禀赋，写小说则特别需要对社会现象的洞察能力和对人内心世界的把握、分析、表现能力。顺便一提，对评论家的要求应当更高，不仅需要天赋、学问、艺术感觉，还需要高人一等的胆识、眼光和一下子抓住要害、切中腠理的功夫，说出话绝不是隔靴搔痒，一定是入木三分，比如19世纪俄罗斯的别、车、杜。评论家的修养应当更全面，并不是弄不成创作才去搞评论。刘勰的《文心雕龙》也是优美的诗，陆机的《文赋》、白居易的《与元九书》也是漂亮的散文，《歌德谈话录》、《罗丹艺术论》未尝不可当作小说读，书中有活生生的歌德和罗丹——扯远了，打住。

想象力、艺术感悟力、语言能力，哪方面您表现得更为突出？观念、手法、语言哪个对您更重要？其他艺术形式（比如绘画、音乐等）对您文学创作有影响吗？如果有，是什么影响？

想象力等等都有。如果没有，作品何来！至于哪方面突出，不好说。旁观者清，当局者迷，认识自己是天下最难的事。观念、手法、语言，三者之中当然观念最重要，观念决定思维，决定好恶、取舍，决定作品的思想倾向和艺术追求。但观念一旦形成，就很难改变，费老大劲想更新，收效总是甚微。我就是这种情况。无奈，只能因循守旧，依然几十年来的我。我宁肯更注意语言。语言是文学作品的载体。思想、寄托、艺术、风格等等都靠语言体现。语言差，别的都谈不上。我甚至认为，作品的特色首先是语言的特色，一流的作家不可能有二流的语言，冒牌的作家才制造大量语言垃圾。读者接受文学作品，只能通过语言，在欣赏语言的同时，才能领略到作家的思想和艺术。如果语言是水货，稍有修养的读者都不会再读下去。绘画，特别是国画，音乐，特别是民乐，对我的创作是有影响的。起码，国画的聚散、虚实、疏密和"留白"，使我学到文章不可做得太实，不可把话统统说完，要给读者留下充分的审美空间和想象余地。听音乐启发我想到了行文的疾徐和起承转合要有韵律感，语言叙述要有节奏感。自认为，我的一些短文本身也是一幅画、一首民歌小调。

您是先构思后动笔还是边构思边写作？您怎样概括和评价自己的文学创作？您最不满意自己的作品是哪些？为什么？

写短文，只要心里有了一团意思，仿佛立马就有了写法，不必苦苦考虑如何写。写长一些的东西，需要事先在心里盘算盘算，搭个架子，排个顺序。到写时候，往往会变化，不得不变化。写文章不同盖大楼，必先有张精确的蓝图，盖时丝毫不能改变，一变恐怕就会弄成"豆腐渣工程"。写文学作品必须随心随意，称心如意，一切由心意当家，别人指挥不了，自己也不能不听从心意的铺排。心随境变，意随事迁，文章焉能不紧跟上来？所谓灵感，就是好的构思的突然出现，猛地心里一热、眼前一亮，找到了最能表达心意的字、词、句和美妙的表达方式。概括和评价自己的文学创作，是热心的读者和有兴趣的评论家的事，我不愿也不能评价自己，说高了，自卖自夸，遭人讪笑；说低了，自轻自贱，于心不忍。我最不满意自己上世纪八十年代前期的作品，因为太轻太浅太甜，太小家子气。那时，还没有从"十七年"左的文学思想的影响中走出。评论家楼肇明当面给我说过，从《马蹄塘纪事》开始，我才从"杨朔模式"的桎梏中初步解放出来。《马蹄塘纪事》曾获首届"《奔流》佳作奖"。其实，现在看，那篇东西也相当差劲。

2008 年 7 月 28 日
原载《躬耕》2013 年第 12 期

为中原乡土招魂
——周同宾访谈录

吕东亮　梁玉洁

访谈时间：2016年4月11日上午
访谈地点：南阳市独山大道三川盛唐小区周同宾居所

吕东亮（以下简称吕）：咱们还是从头说起吧，您出生的村庄是社旗周庄，您在周庄生活了多久？现在回去的多吗？周庄算是您的文学故乡吧，它对您创作有什么影响呢？

周同宾（以下简称周）：我小学开始就在周庄上，后来由于外婆在社旗，读中学时就到了社旗县。现在，周庄我一年回去一两次。我的很多文章就是以周庄为背景的，《土地梦》《最后一个儒生》中的内容都是纪实的，就发生在周庄这片土地上。

吕：您早期发表了很多民间文艺的曲词作品，您是怎么开始曲词写作的呢？

周：1972年南阳县文化馆恢复，我就到文化馆写曲艺。那时候一般不写文学，写曲艺是正事儿，那时主要写三弦书、大调曲子、河南坠子等，早期发表很多曲艺作品与这有关。当时有个曲艺说唱团，写完以后让他们唱，去宣传。"文革"后期许多杂志恢复了，但主要发表曲艺。我当时作品发曲艺刊物比发文学刊物还多，主要是配合政治主题而写的东西。我当时的曲艺作品主要发表在《曲艺》《河南戏剧》《豫苑》《河南日报》等报刊上。这些作品我选了一部分编了一本曲词合集《豆斋曲词》，尽管现在看丑陋至极，但是也不必去指责当年那种"露屁股，衔指头"的幼稚相。

吕：您在作品里常常会提到您的高考经历、"文革"时期的经历，在这里能再详说一下吗？这些经历让您有什么感触呢？

周：我1959年考上南阳师专，当时高考很特殊，不论成绩，一按出身成分，二按政治表现。我出身中农，成分一般化，不好。我那时的高考成绩很不错，是可以上个好学校的。但是当时录取不按成绩，只按出身和政治表现这两条，毕业时候学校把考生分了四类：可录第一类的学校，可录第二类的学校，可录第三类的学校，还有不可录取或者是酌情录取。在学校我被视为白专道路，只专不红，政治落后。高考后我属于酌情录取，就被录取到了南阳师专。在南阳师专，我和同学一起组织了一个萌芽文学社,李庚辰任社长——现在是著名杂文家,解放军报社的著名编辑。我当时是骨干、副社长。这个文学社随后被打为反革命小集团,社长李庚辰也被学校开除。

当时的政治生活就是这样,一切政治挂帅,政治不好一切都完蛋。我写过一篇文章叫《1959年的高考》,今年会出本书,书里面收录的有这篇文章。1958年中学时期就搞过交心运动,把你的心交给党。不是好心,是坏心,不是红心,而是私心,比如如何反对大跃进、如何反对人民公社,把自己说得十分恶劣,这样才能通过,这样,就只有自己生尽千方百计去作践自己、贬低自己、丑化自己,以此求得组织上的谅解和通过。我大学毕业之后,就在南阳县三中教书,一直到"文革"前。

"文革"这十年,开始因为反动日记被搜出来,其中的内容被断章取义、无限上纲上线,最不堪的是年轻时候写的爱情诗歌,也被张贴出来,很羞愧。日记从1958年一直写到"文革"开始,后来日记发还给我,我一气之下全烧了,有一本撕碎了,还剩一部分没烧,就是1958年的一部分日记,为此我写过一篇《1958年的日记》。

"文革"开始我就挨斗,大斗两场,小斗好几场,大斗就是甚嚣尘上地大喊口号"周同宾拉出来"之类的。我站着低头弯腰,被人用"文革"的语言去骂。后来我又被说是资产阶级反动路线。当时南阳的造反派办了报,不知道谁在背后做工作,南阳市"抓革命,促生产"第一线指挥部,是最高领导机构,那时革委会还没成立,写封信让我去办报,这是个好事。当时天下大乱,炮火连天,这个报是鼓吹"文革"的,对我来讲等于提供了一个避难所。但因为这个事,"文革"结束后又说不清了,我被视为"文革"中的得势方,要被清查、清算。《一个人的毕业时间》写过这个事,最后一次写检查,就是因为这。报纸散伙以后,上面有人认为周同宾这个人还能写,于是南阳县让我去写材料,写各种各样的材料,都是给别人写讲稿、学习毛主席材料、积极分子材料、四好五好运动材料、农业学大寨材料等等,写了几年材料。庆幸的是,我从"文革"开始到后来一直没有和文字绝交,"文革"开始写检讨、挨批判,需要文字,后来去编报纸、写材料,仍然是和文字打交道。我一直没有离开语言文字,对语言文字没有过生疏,与这有关。

吕:我从您的作品中感到,您的阅读视野是很广阔的,能否谈谈您的"阅读史"?

周:上中学时候,初中到高中,读苏俄作品多一些,列夫·托尔斯泰、肖洛霍夫等等,后来才读到一些西方的作品,但主要是左翼作家的,尤其是共产党执政国家的作家大部分都是"左"倾的,都是共产党员,他们的作品翻译得比较多。

在南阳师专上学的时候,当时的印象是两个:一是饿,有一篇文章《饥饿中的事情》，写了这种感觉；另一个印象深的，就是看书，上学是半日制，半天上课半天休息，《战争与和平》是很难啃的，特别是后面，硬着头皮把第二部看完，从第三部开始感觉作者在饶舌，啰唆的那些地方，让人受不了。教过我的老师，除了王同仄先生以外我都没有印象，感觉有些老师还没我读书多，心里当时有这么个意识。王同仄先生是有学问的，我与他交往较多，到现在还记得当时和王同仄老师讨论唐诗时的情形。

改革开放以后，阅读稍微多一些。我书房里50、60年代的书很少了，"文革"时候我的书被学生抢了，剩下很少。我现在的藏书里，散文诗歌、古典文学比较多。

吕：您专力写散文，是不是您在阅读中就对散文读得比较多？

周：首先我喜欢古典诗词，读了不少，背了不少，《长恨歌》180句，原来会背，现在背不全了；古典散文以《古文观止》为主，看选本，现在也没时间看了，没有精力了；后来，除了韩柳欧苏以外，还看明清小品。

吕：文坛上的作家，尤其是散文作家您比较推崇的有哪些？对于流行或者说知名的散文作家，您有什么印象或者说是评价？

周：有两三个人的散文比较爱读，贾平凹的早期散文我比较喜欢，他早期的散文集，几乎都会寄给我一册。他的散文很好，很不错，近期有些散文一般化。很早就认识贾平凹了，除在北京，中国作协开会见过两次，他家也去过两次，当时名气没有现在大，但也已经了不得了，这些年他茅奖又获奖了，名望更盛。第一次是我和王俊义当时在《散文选刊》的时候，《散文选刊》当时处于初创时期，主导此事的南丁先生可能是为了考察我和王俊义吧，就给了一笔钱，让我们出去跑跑。我们从西安到四川跑了一圈，到西安就见了贾平凹，第一次见他时他在乡里。第二次见他时他已经进城了，屋子似乎不大，书房很小，墙上有毛笔写的字"静虚村"。贾平凹早年的字写得比较自然，现在有些拙，有些故意求拙，反而不美，当年给我写过三幅字，我现在客厅挂的就是贾平凹早年写的。

第二是史铁生，《我与地坛》读过一遍又一遍，读得最多。

我最喜欢的是孙犁。孙犁新时期以来，出过十本散文集，《晚华集》、《秀露集》、《澹定集》、《尺泽集》、《远道集》、《老荒集》、《陋巷集》、《无为集》、《如云集》、《曲终集》，以后不出了，也不写了。老头子很倔，《曲终集》之后就果然不出了。他除了这十本以外，《芸斋小说》、《芸斋书简》，都从这十本书中选出来的，属于文录。后来山东画报出版社合在一起出了叫《耕堂劫后十种》。他的散文到最后炉火纯青，语言简洁到不能再简洁，意思深刻到不能再深刻，读起来流畅到不能再流畅，有音乐美、绘画美，甚至有篆刻美，这是我的感觉。

如果要照十年前说，比较欣赏的有梁衡的、卞毓方的，我认为写得比余秋雨强。余秋雨功莫大焉,他创造了一种文体,但是他罪莫大焉,他带坏了一批人,很多人去写文化散文,翻新求异那样东西太多了。他如果只出《文化苦旅》一本书,这本书会不朽,他出那么多,每到一个地方都能写出一篇东西、发出一篇感慨,成了一个文化布道者、文化凭吊者、文化宣讲师。这样难怪一部分读者有意见。余秋雨好像对读者不够谦恭吧,检举你的错误,有错误承认呗,不承认,还要维护自己的大架子。还有"文革"中的问题,"文革"中有问题的人多了,不仅仅是个人问题,承认不就完了。文章中有问题,比如说"致仕",古代"致仕"是退休的意思,余秋雨在散文中把"致仕"理解为刚开始当官,是很明显的错误。圣人还有缺点,承认算了,还是不承认,这影响不好。

吕:我刚才看到您的书架上有很多周作人的散文,周作人的散文您喜欢吗?

周:周作人是大家,但读多了就会觉得太淡,冲淡之美也需要限度火候,淡到淡而无味,白开水一样,读多了就没有意思。我开始读了一本他的选本,觉得不错,后来买了全套以后,就没有能够读完。当下的散文界,乱花渐欲迷人眼,让人越来越看不清了。写散文的人太多了,好作品太少了,今年《散文选刊》第二期让我给他写卷首语,我就说过这个感慨,就像外国人所说的"吻遍全大街的姑娘,只能碰上一两位美女",就是这个状态。

吕:莫言的作品及成就您怎么看?

周:莫言所以得诺贝尔文学奖,是他确实写出了高密东北乡的一种真实,这种真实是仅此一家、别无分店的。那个地方,只有莫言才能写出来。像周大新也能写出南阳这个小盆地,但写的深度、厚度、震撼力恐怕是不如莫言吧。可能与生活有关,高密东北乡那地方出土匪,当地人们的个性,就是余占鳌式的。南阳盆地是典型的农耕社会,耕读传家,和高密东北乡是不一样的,南阳盆地是不是只能写出周大新《第二十幕》之类的作品?

吕:南阳是文化底蕴深厚的地方,近代以来也是匪患严重,白朗起义等事件也曾引起史家的注意。现代历史上有一个宛西自治,自治的领导者是一个强势人物别廷芳,很值得注意。最近,南阳的小说家行者有一部小说《对话别廷芳》,似乎是探索性的,不知道写得怎么样,您读过吗?对于别廷芳这个人,您的看法是什么?有没有为此写过东西?

周:行者的《对话别廷芳》写的是别廷芳、作者和另外一个人,三个人之间的对话,写了当时别廷芳的说法和做法,以及作者"我"对别廷芳的评判,是站在第三人的立场,对这件事的评判。整体来看,《对话别廷芳》是对话体的小说。

别廷芳这个人和事我没有写过文章,因为对具体情况不了解。别廷芳绝对是个典型人物,历史的"典型人物",他是农民出身的知识分子,不是粗人,他把这一大片地方搞成接近现代化的先进区域。当时宛西自治的中心西峡在河南是很先进的，南阳没有电，西峡有电，南阳没有汽车，西峡有汽车，还有炼钢厂、造币厂、造枪厂，还办师范学校，他那一套自己的思想，当时在中国应该算是很先进的。

吕：对于中原作家群，您有哪些观感？您和乔典运接触得多吗？

周：中原作家群，原来叫文学豫军。近些年，李佩甫成绩比较大，他这几年出了不少书，也获得了茅盾文学奖。

乔典运出名很早，他"文革"前发过不少作品，也写曲艺。"文革"中见过一次，是我不再挨斗后的时候，那时乔典运去广州写电影剧本，路过南阳。我们是在南阳一个宾馆见的面，那是第一次，他穿着老婆做的布鞋、脖扣对襟的衣服，土了吧唧，一望而知显然是个农民。

吕：贾平凹曾经在《美文》杂志上撰文提倡"大散文"写作，主张文学圈之外的人士写散文，以改善散文的生态、冲破纯文学散文的拘囿。文坛上也确实有一些散文家，并非专业作家，而且一直处于文学圈外，散文却写得美不胜收，影响很大，比如画家吴冠中的散文、社会活动家费孝通先生的散文，以及以季羡林先生为代表的学者散文。对于这些专业散文家之外的人写的散文，您觉得怎么样呢？

周：专业散文家之外的一些人，写出的散文是另外一种面貌。张中行是学者，是编辑，一写就写出不同的面貌，张中行的文章是富有个性的，尽管不简练，还会啰唆，但是啰唆得有意思。画家黄永玉的散文，我觉得比吴冠中强，他不仅具有绘画天才，还有文学天才，吴冠中有绘画天才，语言天才远不如黄永玉。黄永玉的散文，我很爱看。文学界专写散文的人，写得多了，他的文章似乎你一看开头部分，就可以预想到他下面怎么写。而读文学圈外的非散文家的作品，会感到有一种陌生的美，会感叹文章还可以这样写！

吕：我听说您有很多次调往郑州工作、在省文学界任职的机会，比如调往《散文选刊》编辑部，您都没有去，是出于什么考虑呢？

周：《散文选刊》创刊初期，让我和王俊义去郑州筹备，第一、二期，是我们参与编辑的。当时的文联领导南丁先生希望我去编《散文选刊》，我不愿意，有两个原因：一个是不想离开南阳这个地方，省文联复杂，高手如云；第二个原因是，去了以后不自由，编刊物，每个月有任务，每天得上班，这我受不了。我这时在南阳文联当专业作家，很自由的。本来市以下是没有专业作家编制设置的，但南阳这个地方比较特殊，比较支持文学创作。作家的待遇比较好，我在南阳县文联上班的时候，上午去一下，下午就不去了。上午不去也是可以的。后来调到南阳市文联上班，基本上半个月或一个月到市文联去一下，去不是为了上班，是为了收我的信件，顺便办一些杂事。乔典运也说过不愿意去郑州，只想待在南阳,这可能就是盆地意识吧。走得远一些的就是周大新、柳建伟等。走远了,成就就大了,如果他们一直待在南阳恐怕不会像今天这样有名。

吕:能否大致谈谈您创作经历的几个阶段,有哪些写作方向的转折?这种写作转折,体现了您什么样的创作思路和思想感情的变化?

周:有这么几个阶段。开始受杨朔散文影响,早期我的很多作品是步入杨朔散文窠臼的。"文革"前的三个散文大家,杨朔、秦牧和刘白羽。秦牧是有知识,年轻人没多少知识,学不来,不好学;刘白羽,像他的《日出》、《长江三日》,写游历,年轻人没机会多出游也写不成;唯有杨朔最可效仿,杨朔有模式、有套路,写景写物写事,最后一升华,卒章显志。我写了一百多篇受杨朔散文影响的文章,才感到转型的必要。评论家楼肇明在上世纪80年代的一次座谈会上说:"同宾,你从《马蹄塘纪事》开始摆脱了杨朔散文的羁绊。"杨朔散文写久了,读者腻不腻、烦不烦不说,自己先就腻了烦了,这么一个套路下来就自觉没意思了,必须改变,思路开始往外开阔。我开始那么多作品受杨朔散文的影响,还有一个原因是当时是改革开放初期,农村实行联产承包,那些年气候好,风调雨顺,农民没有难处,那是农耕文明最后一次回光返照,农村也确实有这个田园美、风情美、风光美、风俗美,这些所谓的美,就是当时我散文的主题。现在看这些散文显得还有点价值,反映了农村联产承包开始时期那一段的农村的生活状态,后来就不行了,后来农业困难增多、农民负担加重,化肥涨价,农药涨价,农民是躲不过去了,改革初期那时候我们唯一的困难就是卖粮难,粮多,不好卖,这后来困难就多了。

我初期的散文除写农村的所谓美、田园牧歌以外,还想写写农村的风情、风俗、风物,才写了《马蹄塘纪事》这样的文章,尽力地写出一点历史感。这样写一段,发了不少。这样写,写来写去,自己仍然不满意。自己心中也有一个追求,就是求新求变,要"维新变法",到80年代后半期,开始写《皇天后土》。以前的那种语言我认为已经玩熟了,能不能开生茬子,也就是孙荪说的辟生茬子,搞点不同于自己过去作品的东西。于是有一天突然灵机一动,想起让农民自述,所以采访了一大批,这样《皇天后土》里面就全是让农民直接开口说话、直抒胸臆式的作品。正好当时号召作家下乡,挂职锻炼,我就到了南阳县蒲山镇去当了所谓副镇长。那个时候正是计划生育的高潮,标语都很恐怖,让我包村搞计划生育,我坚决不干,自己也不愿参与,就自己(有时也带着镇上的通讯员)出去半天一天的。当时就想我已经说太多了,能不能让农民自己去说,我跟农民也是熟悉的,我自信能够让农民把他心中的话用农民自己的语言表述出来。

在《皇天后土》之后,我的创作可以以《乡关回望》为代表。《皇天后土》通过这一个一个农民来反映的是80年代后半叶农村的现状,是横截面的反映。之后,我想从纵的方向写农村的沧桑变化,写我亲自看见的农耕文明的历史。当时我就意识到,这个农耕文明即将消失,需要记录下来。这段历史如果不记录,若干年以后消亡了,再记录就晚了。后来有篇文章叫《中原农耕博物馆》,为农耕文明保留一份档案。许昌学院有一个中原农耕文化博物馆,邀请我去过一次,还可以。那个馆收集了很多农器农具和农民生活用品,现在已算是文物了,但文物已经不会说话了,参与这些文物生活的人已经过去了,这些文物当年参与的生活已经变为历史。怎样才能够让人们记住那段生活呢?你只有通过文学作品。

吕:近 60 年的创作生涯,您创作了上千篇散文,我注意到,您的散文中有一些祭文很有特色,也被许多报刊发表刊登,您自己似乎也比较满意这些作品。您是怎么想起来写这些祭文呢?

周:有些话有些情感只有直接去说,才能够真正充分地酣畅淋漓地表达自己当时的心情、表达自己的情感。祭文基本都是用第一人称"我"直接对逝者说出一番真心诚意的话来。如果用第三人称,恐怕这个语言魅力及抒情效果会差。从这些祭文之后,我的散文写作叙事的成分多了,早年长于抒情。我其实不喜欢一提到散文就说抒情散文。我们大多数人都不是贾宝玉,哪那么多的情、情种,有些想法、有些思虑、有些胸臆,需要讲出来、抒发出来,这是可以的,不一定要成天作抒情状,让人讨厌。

吕:您在作品中塑造了很多成功的农民形象,他们被刻画得入木三分,让读者动容。我也在您的文章比如《土地梦》中读到了您对地主形象的描绘以及对地主的重新审视。我很感兴趣,我想问的是,您是怎么看待和农民形象相对的地主形象呢?

周:这看你用什么理论来说他了,企业家他对员工的剥削恐怕比封建地主更严重吧。现在有些种粮大户,雇用雇工,但现在不叫剥削,地主是用生产资料用土地雇用,农民只投入劳动力,这是个合作关系。何况地主就是个管理者,在我们那儿,地主也下地干活,领着长工干活,锄地犁地地主总是走在前头,更卖力,而且对长工特别好,吃饱吃好,过年过节给长工改善生活,平时一定让长工吃好,要靠长工干活呢。

吕:你所说的显然和我以前所熟知的那些地主形象有差异,那又该怎样理解土地革命的合法性?

周:那就不好解释了,用阶级斗争的观点来看,这就不好办了。地主当中不排除像黄世仁这样的人,就像现在的黑窑主一样,它作为一种普遍现象,榨取剩余价值,但我所写到的地主好像不是这么回事。

吕:《皇天后土——99 个农民说人生》获得很大的成功,可以说是您的代表作。值得注意的是这本书的以采访为基础的创作方式。您能为我们描述一下采访的一些过程吗?

周:我采访时不做记录,一做记录对方就紧张,农民害怕你把他的话记下来交给上边,害怕惹麻烦。你要记录,他们就说些正确的废话、口是心非的话。那时候我记忆比较好,采访后整理主要凭记忆,后来记得住的一定是比较重要的,遗忘掉的一定是我觉得没用处的。一般人谈一番话,我首先要衡量,这番话谈没谈出他本人心中的话,是应付我的,还是真心话,应付的那不可用,如果是真心话,即便他发通牢骚,也有价值。话中有人,才有价值;话中无人,没有价值。

吕:据我所知,《皇天后土》出版的时候,文坛上已经出现一些口述实录的作品,你怎么看待这些作品与《皇天后土》的不同呢?您觉得《皇天后土》获得首届鲁迅文学奖的原因是什么呢?

周:当时是有一些。比较出名的有冯骥才写的《一百个人的十年》,还有张辛欣、桑晔的《北京人》,总的来说,我的《皇天后土》还是与他们不一样。其一,这些书籍几乎没一部写农民,即使写农民,我觉得他们写的都是城市郊区的农民;其二,他们那个语言,绝对不是地道的真正的老百姓的语言,还是知识分子作家的语言,我很自信的是我那个语言绝对是老百姓自己的语言,当然也经过提炼、加工和删节。另外需要说的是,我文章开头小序的语言风格,和正文的风格显然是不同的,相互映衬。小序是作者我自己说的,表达作者的看法。

后来《皇天后土》获得鲁奖,我想大概是评委觉得这本书好像和别人不一样,就像吃了很多海鲜、珍馐美味,吃腻了,来一盘农家菜马齿苋,一吃别有风味,连称不错,于是就评上了。当时风闻消息,我都不相信。这个书是河南作协和漓江出版社申报的。应当说,它总体上是对20世纪后半叶中国农村农民的生存状态和心理状态的一种反映。

吕:您在《皇天后土》中的一些书写和议论还是颇有胆识的。这些议论,或者说在您的写作生涯中,有没有遇到一些政治上的责难?

周:我的写作基本上没有受到政治上的困扰。印象中只有一次,是在改革开放前期,1983年反对精神污染的时候,当时河南被批评的有八件大事。其中一件大事就是我的文章《抗粮》,一些人说周同宾写文章煽动农民抗粮,有过这么个花絮。后来这篇文章收书的时候为了规避风险就改成了《公粮》,其实我哪里是煽动农民抗粮,是农民对乡村有些干部作风不满意,以此来发泄。我只不过是如实写下来而已。

吕:是的,在我的印象中,您并非惹是生非的人,也不靠惹是生非来引起文坛的关注。我记得有一个介绍说您是南阳市文联副主席,应该是副处级干部吧,也是个官了。

周：我当的是南阳县文联副主席，副科级，不是副处级。1985年南阳县成立文联，九几年让我当南阳县文联副主席，我不愿意，一是心中有气，上面早该赏识我，但是没有赏识我，二是这个职位对我毫无意义。下午组织部领导找我谈话，我没有去。第二天上午，组织部部长亲自打电话："周老师，请您来一下。"我才去。一般情况下，（被领导任用）要说很多感激的话，我说："王部长，一个我不需要；第二个，当上我不坐班，不开会。"他都同意了。这样一直保持到2003年，我一直在南阳县文联，2003年调南阳市文联，就更不上班了，就是收收信件，大型活动参加一下。我现在是南阳市作协副主席，60多岁了，不需要什么实职，到2012年才正式退休。

梁玉洁（以下简称梁）：阅读《皇天后土》，会感受到其笔墨中有一些对于国民性问题的关注，关于农民身上的国民性问题，您怎么看呢？

周：这个国民性主要是农民性，中国人多数都是农民，即便不是农民，他的父辈也是农民。中国市民阶层的历史很短暂。对农民的心理状态，对农民的个性和共性，是必须要关注的。要了解中国，必须先了解中国农村；了解中国农村，必须先了解中国农民；要了解今天的农民，必须了解昨天和前天的农民。

现在的中国农村全面沦陷，现在中国的农业是个啥农业、啥状况，我感觉是处在一种不尴不尬的荒芜状态。像过去一家一户种庄稼的传统农业的生活一去不复返，现代农业一个人种几千亩、上万亩地，机械化耕作；原来很有意思，现在不是，现在农民只是在种的时候回家一次、收的时候回家一次，其他时间都进城了。农村已经失去了魂，所以我说农村处于不尴不尬的状态，这个状态还要持续很久。所谓建设社会主义新农村，任重而道远，很难，人都回不来，怎么能建成，什么时候农民能够在就近的地方就业，一个村一两个能人把全村土地都承包了，通过流转，其余人在附近工厂上班，或者去农场打工，这样农村才会有前途有出路。同样，人很少，留守儿童，空巢老人，都是问题。中国经济发展是农民工在支撑，这个农民工别妇抛雏，离开父母，夫妻两地分居，牺牲掉个人的幸福、家人的团聚和起码的精神生活，换取一份血汗工资，想想让人很辛酸。

梁：您曾经说过"为文必真"，这个"真"就是文章不矫饰，作者不矫情。散文写作以前一直强调写真情实感，但近年来散文界对于"虚构"问题又产生了新的争论。对于散文的虚构您又怎么理解呢？

周：文学作品不是新闻报道，作家自己在写作过程当中会把自己之前感受到的、那种已有的现象加进去，而这种现象未必出现在真实的事件过程和情感场景中。我认为这不能叫虚构，如果叫虚构，这样的虚构在散文写作中是可以的。《皇天后土》虚构很少，因为我所采访的材料，已经足够我使用，《皇天后土》用的是减法，采访的远不止99个，有些人不说话，有些说的话没用，有些说话言不由衷,采访十个人中只有一两个人可以用。《土地梦》、《黄河湾》有些内容并非实录,但也不属于虚构,是我把这个地方的材料挪到另一个地方,从情理上来说也是真实的。

梁:楼肇明、贾平凹、孙荪、二月河都评价过您的散文,也指出了您创作中的一些问题,比如早期创作中的狭窄、"杨朔模式"等问题。您怎么看待文坛的批评声音、怎么看待文学批评的作用呢?

周:文坛不能没有批评声音,需要批评,文学批评和文学创作,应当是鸟之两翼、车之两轮。现在的中国文学批评太差,直言要害的批评更差,现在很多文学评论成了文学吹捧,只要你掏钱,就可以获得你需要的评论。作家需要批评家,西方18、19世纪的文学那么好,和批评的作为分不开。到现在为止,我还没有看过一篇让我感动、让我心服口服的评论。关于我的批评文字,孙荪《同宾,真的醉了你?!》那是很早时候的了。现在也有人写文章指出我作品中的问题,但是太浅。有些评论文章太浅。散文的评论比较特殊,大概永远不会在文坛上唱主角,散文从古至今没有理论,没有一套评论术语,不成体系。

吕:您对当下中原作家群或者河南文坛的创作怎么看?中国文坛目前的状况您又怎么看?

周:河南的这些年轻一代的作家,尽管还是在写,小说、散文都还在写,但写作的成绩都不如之前大,全国好像都是这样。至于河南的散文,年轻的作家中,冯杰写得不错,现在发的小品,尽管说不上厚重,但是精美,可以把玩、应用、欣赏。

现在一个是社会上诱惑太多了,人们实现人生价值、表达个人情感思想的手段和途径越来越多了,文学必须耐得住寂寞,耐得住清净。还有一个,外部环境,现在一个年轻人想发作品不容易,我觉得比我们80年代难得多,那时候凭作品,现在似乎不凭作品,或者还凭作品还凭你的关系。80年代靠自由投稿,全国都可以投稿,现在年轻人投稿不容易,电子稿就更难有回复,就是这个状态。但中国当前文学出书量很大,光长篇小说每年就几千部,不过我现在读的不多了。中国目前的这种现状,很多人都在想钱,精神沦为次要,在这个情况下,作家要坚持下来,真正坚持到最后的作家,可能写出能传世的作品,现在市场上流行的作品大部分不能传世。

吕:您怎么看待网络散文和女性散文?

周:网络散文海量,不严肃不认真。女性散文我知道的也有一些,我的《1973年的一次下乡》获奖的时候,就有三位女作家,作品写得怪怪的,这个时代就是怪怪的,有一批读者也是怪怪的,他们正需要一些怪怪的文章。可能文章会受到欢迎,但对于我这个老朽来讲,我觉得一般化。

原载《信阳师范学院学报(哲学社会科学版)》2017年第2期

文路迢迢四十载
——近访"鲁迅文学奖"得主周同宾

陆 静

周同宾的散文土,土得掉渣儿。正因为土得到家,才让人过目不忘,才受欢迎,才得大奖。今年57岁的他坐在你面前,说是个农民也行,是个乡村干部也可,大家更贴切。他衣着简朴,一双说不清是什么面料的鞋,一条蓝裤子下露出半截破边的棉裤来。说他是干部,他长期下乡,与农民同吃同住、同喜同悲的那种干练与亲切让你一见便能体会得到。说是大家,周同宾不是那种红光满面、挺胸凸肚的一类,他至今没有发福,身材瘦削,脸上棱角分明,一双眼睛透着沉着与睿智的光,说出话来更是朴实生动,他的人和文是一个非常和谐的统一。

童年时代的周同宾,除了听过母亲和外婆的儿歌及民间故事外,从未接触过纸上的文字。上中学时,爱画画,曾是班里的美术课代表,也是他中学时代当的最大的"官",理想是当画家。初中毕业,画家梦破灭,后来移情别恋,爱上了文学,"这一爱就爱得痴迷,痴迷中,做起了作家梦"。他开始拼命读书,古今中外,大书小书,长短都读,边读边写,主要写诗,大多是民歌体和自由体,一天能写十几首。写完就往全国各大报刊寄,那时寄稿不要钱,自己糊个信封装进去就行。但寄出的稿子和退回的稿子几乎一样多,每投每不中,同学讽刺笑话,都不在乎,照写照寄,痴情故我。直到1958年上高中二年级时,才有一首诗《茶水的秘密》发表在《南阳日报》上,那年还被评为模范通讯员,奖品是两本稿纸和一个巴掌大的笔记本儿。那种高兴胜过现在得了几千元的大奖。那时,周同宾崇拜两个文学名人,一个是郭沫若,一个是刘绍棠。郭氏的诗,激情澎湃,寓意深远;刘绍棠是神童,是写农村生活小说的妙手,自己曾想像刘氏那样功成名就,写出锦绣文章来。

1956年,高中一年级时,周同宾和几个爱好文学的同学发起成立了文学社,在校园内定期出《萌芽》壁报,发表自己的诗文。壁报在全校影响很大,每次都招来成群的师生。不久社会上开始反右,壁报被学生干部认为有"右派言论",遭到批判。文学社的成员们不服气、不认错,在壁报上发表文章辩论、反击,这一下惹了大祸,在"交心"运动中,成员们先是被定为走"白专道路"的典型,后被定性为"反动小集团"。经过几场批斗,李庚辰等几个同学被开除遣送回乡,周同宾认"罪"态度比较好,加上出身中农,得以继续上学。但直到毕业他的政治课成绩总是3分,当时是5分制,3分意味着退学警告,在政治挂帅的年代,政治一差,一切都差。高考时,他一心想上名牌大学中文系,且卷面成绩很好,但录取他的却是他最不愿上的专科学校。这打击使周同宾明白,文学的路并不好走,有鲜花也有陷阱,有阳光也有风雨雷电,甚至是苦难。

读专科时,功课并不重,时间很多,这给读书提供了非常好的环境,《红楼梦》他看了三遍,还有《战争与和平》及一些世界名著,仍旧写诗投稿。那是个饥饿的年代,偶有三五元的稿费寄来,他和几个要好的同学去街上饱餐一顿热红薯。1961年毕业,他被分到一所中学教语文,很受学生拥戴,教课之余,坚持写散文,从未写小说,因"自己不善编故事写人物",后来发觉"自己的诗也不是那回事了",就专写散文。当时的文坛,散文大家北有杨朔,南有秦牧,两人名声之大,令人高山仰止,追随者如流。秦牧散文知识渊博,学不来,就学杨朔散文,托物言志,托物喻人。"文革"伊始,周同宾已在十余家报刊发表散文十多篇,如载在《奔流》、《河南日报》上的《爷爷的手》、《散文二题》、《日出》、《一杆旱烟袋》等作品,都留有杨朔式痕迹,作品也大多是为政治服务的。

可怎么也想不到的是,自己一心为政治,后来却被政治整了。1966年周同宾被"革命师生"揪斗后,坐"牛棚"监督改造,罪名是"新兴的资产阶级分子",成名成家思想严重。接着,被迫交出文稿、剪报和日记,这给整人者提供了更多的罪证,罪名升级为"三反分子",关于他的大字报贴满了几山墙,三天换一次,并配有漫画,画一个笑嘻嘻的周同宾,背后的手中握一把尖刀。第一次挨批斗,全学校千余名师生都参加,他被"红卫兵"架进震天响的口号的会场中,成了一只孤独无助的待宰的羔羊。批斗者义正词严,声色俱厉,他却不能辩解,只能低头认罪。挨斗的间歇,他在"红卫兵"的监管下写检查,没完没了地写,"依文体论,检查也是广义的散文,但这种散文写起来却让人心酸难受"。无论检查怎么写,最终都归结到"妄图复辟资本主义,颠覆无产阶级专政"上。光检查写的不下百万言,可就是通不过。秋后,运动疲软,周同宾与其他"黑帮"被押解到农村。那一年,他25岁,到此,作家梦彻底破灭。为了文学他付出了心血、汗水、青春,收获的却是委屈、耻辱、欺凌和难卜吉凶的前途。

1967年春天,周同宾获释了。1968年,奉命到一家造反派的报纸当编辑。当时的报纸,编的、做的都是"派性"文章,对周同宾来说,乱哄哄的世界里,有一片相对平静的空间,能坐下来咬文嚼字了,实在是件好事。不久,报纸停办,他又被抽到一个写作班子写材料,写"活学活用"积极分子材料、"学大寨经验材料"、"四好五好材料"……全是为人作嫁,写好后以别人的名义印发或宣讲。周同宾说:"现在写散文的那点语言功夫,应该得力于当年写过百万字的检查、百万字的材料,最起码一点,在动荡的岁月里,没让我荒疏了文字功夫。"

"文革"初期挨过整,后又为"造反派"效过力,在那个特殊的年代,还当了半任小官,奉命下乡参加各种名目的工作队。五年寒暑,他一直在农村,工作队的工作是狠抓阶级斗争,大批促大干,但对周同宾来说,这实在是一次真正的深入生活。他与农民的关系非常融洽,无话不谈,连各家的狗都认识他,见了就摇尾巴表示亲近。这段经历,为周同宾日后的写作积累了丰富的素材。劳动之余,他读从朋友处借来的书,如《悲惨世界》、《笑面人》、《鲁迅全集》、《塔里的女人》,那时读书写作不为发表,并无什么功利目的。

1972年10月周同宾的命运有了转机,他调到县文化馆辅导群众创作,兼编一本先油印后石印的内部刊物。那时县里有支文艺宣传队,除了唱革命歌曲、样板戏外,也演曲艺。为了配合中心工作,周同宾开始写曲词,他本来爱看传统戏,喜欢民间文艺,如听三弦书、鼓儿词、大调曲子等,写词写得很投入,是把它当作纯文学、叙事诗写的。曲词的处女作是《小屋向阳》,演出效果一般,1973年被收入河南人民出版社出版的一本演唱作品集。第二个段子是《开电磨》,演出效果好,曾参加全国曲艺调演,在《河南日报》发表后,广为传唱,被选入多种演唱作品集子。之后陆续发表曲词作品近40篇,其中《三考新郎》在全国短篇曲艺作品评选中获奖,《夸婆家》获河南省曲艺创作奖。在曲艺界周同宾也算小有名气了。假如你翻开《中国曲艺家辞典》什么的,准能找到他的名字,算来他加入中国曲艺家协会比加入中国作家协会还早五个年头。几年的曲词写作,对他后来的专写散文有很大裨益,比如他散文语言的韵律美、节奏感和行文的疏密度、叙述描写中的动态效果等。

1980年以后,周同宾从"曲坛"淡出,专侍散文了。1986年6月,他调到文联工作,生活安逸,心境平和,也未再因文惹祸,几乎成了专业作家。良好的环境,充裕的时间,加上他的才情和努力,一批有影响的散文作品走出河南,走向了全国。如1983年在《人民文学》发表的《还乡散记》、在《上海文学》发表的《游丝》等,大多是摹写乡景、乡情、乡风、乡韵,写的是一片田园乐土。到《马蹄塘纪事》后,他的作品才算走出"杨氏散文"的模式。

农民出身的周同宾,渐渐认识到,中国是一个农业大国,农耕文化对中国农民的影响是深远的,千百年来,中国农民敬畏于天,匍匐于地,靠天吃饭,土里刨食,忍辱负重,自甘贫贱,很少想到要改变什么。皇天后土造就了农民,也限制了农民,农民的长处与短处、喜剧与悲剧、思想和情趣、哲学和艺术都源于此。但农民不是桃源中人,农村生活搅和的酸甜苦辣,使每一个农民身上都有一份固有的沉重,农村岁月充满了艰辛,农民的命运常带有悲剧色彩。不加以反思,只写风景、风情、风俗是不够的。如何把文章写得厚重、深刻,有历史感、沧桑感,再现农民的生存状态和心理状态、性格性情,周同宾作了认真的实践。于是,就有了《饭场记事》、《剃头挑儿》、《故里三丑》等叙事记人的篇章。

1988年后,周同宾的散文创作,无论是从内容还是从叙述方式上,都有了很大的突破和创新。他采写的《皇天后土——99个农民采访记》真实生动地反映了变革中的中国当代农民的生存状态和心理状态,对中国现阶段农村现状作了深刻的思索和认真考察,笔法和语言俱有明清小品的文化味、书卷气、空灵美,体现出言简意赅的美学追求。形式上也尝试了书简体、日记体、笔记体、论辩体等多种文体样式。所以,《皇天后土》的得奖绝非偶然,它是一部荟萃了各种艺术为一炉,反映时代农民精神状态这一主题的经典著作,也是作家40年来不断学习、不断探索、不断突破的心血结晶,作品折射出作家对农民对土地这一重大命题的神性描绘和哲学思考。

问及此书出版,为什么编选99篇?他说:"不想效法别人,一定要凑够整整100篇。写99篇,不写足写尽,留点余地,留点想头。我也喜欢99这个最大的阳数,9谐久,有长久之意,图个吉利。"

在谈及作家这次得奖感受如何,他说:"这次评奖,好作品多得很,最后绣球落到我头上,有个不恰当的比喻:像城里人成天吃腻了大鱼大肉、鲍鱼海鲜,猛一吃咱这窝窝头儿、芝麻叶面疙瘩儿,觉得新鲜。"

人世间,许多人和事、许多东西都被岁月的烟尘销蚀了,了无踪迹。回首前尘,可谓文路迢迢,悲幸交集。时光悠悠,40载春秋一晃而过,专心写作十几年,周同宾有上千篇的作品流落世间,长短优劣自有人评说。

周同宾的散文下步将是什么样子,他说连他自己也说不清。有一点可以肯定的是,他会继续写下去,他对自己目前的作品并不十分满意,知不足者进也。凭着他那份对文学艺术的执着,凭着他的激情和才情,凭着他炉火纯青的文字技巧和丰厚的生活积淀,我想他不会让大家失望。众目睽睽,周同宾将从他南阳的"无尘居"里,再给读者一份怎样的精神食粮?阳春白雪,还是一翻开书页,就哗哗掉土,纯且够味儿的那种——

我们拭目以待!

原载《东方艺术》1998年第5期

研究论文选辑

《周同宾散文集》序

贾平凹

说一件往事：那些年里，生活中原是多看着假面孔，多听着客套话，已经活得是很累的了，故不愿再读一些装腔作势的文章受罪。一日，正在家读一本《影梅庵忆语》，有熟人来，我便让他拿几本杂志去凉台上翻，待我读罢再饮酒对弈。当读到辟疆与董小宛两次相见之节，不觉被文字里涵和的一种丰富感情所震慑，如仙如死，便合书默然寂坐。恰这时听得"啪"的一声，正疑惑，又是一声，回头看时，熟人在凉台上"嗤嗤"地笑。问时，他竟不理。我走近去，他原是读一份杂志，说上边有一散文写得很美妙的。我耻笑道：现在还有什么好散文吗？熟人说：你读读，真好的。熟人的欣赏水平颇高，他说得一本正经，我便立于那里读起来。文章并不长的，果然不错，虽然比不上《影梅庵忆语》，但在那时的散文里，有他这等情致、这般文字，实在是不可多见的。于是，我就记得了这文章的作者是周同宾。

又是一个夏日，有人突然敲门，进来的是陌生人，像农民模样的，但气宇清朗。他介绍说他从河南来，叫周同宾。我当时愣了一下，遂牵衣迎他进屋，我们便聊起来了。我一向寡言，常与来客说过一些话后，就相对默然，然后客要走，我也起身送他去了。却这夜，我们谈话最多，他见饭辰，要走，又留下来一块吃饭，饭后要走，又留下喝酒，酒酣时又磨墨书字，直弄得每个人都微微醉了。他为人很诚挚，也顺和自在，没有做出来任何言行，我觉得他是能写散文的，他的散文如他的人一样。

此后，我们就有了些书信往来。他的信很整洁，很大的信纸上却空出很宽余的天地和左右，字迹软，但极舒展，没有张牙舞爪的浮躁气。内容也常是关于散文的见解，颇有见地，也常给我鼓励。可以说，我有许多散文都是在他的鼓动下产生的。

今春，他来信说他要出版一本散文集，希望我能作个序，随后寄来书稿。恰这时，我正紧张于一部长篇写作，故一时抽不出手来，直待到长篇脱稿，就开始读他全部散文，不想竟病得厉害住了医院，这书稿也一块随我到了医院。在病床上，我一晌读一篇，读得蛮有兴趣，对他的散文印象更深了。但我全然没有作序的意思，去信只将我的读后感告诉了他。

我是这么认为：

周同宾或许可以说不是才华横溢的人，文思亦不是滔滔，字句亦不是灼灼，但他并不强迫自己，并不着意浓妆艳抹。他的散文，不靠那些所谓诗的语言伪装，在很盛行的一种洋装潢化中，他本质本分本色，文章就有了憨憨之情、可爱之处。

现在对于散文写法的见解颇多，但相当的一些仍是不说人也知道的空话、旧话。散文还是多让自由为好，愿意怎么写就怎么写吧，各人有各人的情况，且现在散文还荒芜，本是各显其能的时候，何必要制造一些框式呢？周同宾的散文好在他有自己的天地，他把农家的生活一劲儿写出，篇篇都是创作，即便那些并不甚成功的篇什里，也必有一节或数节极精彩的描写。他若要突破的，是不是更应注意题材的扩大、角度的变化，更开放、活泼一些呢？

有人讲散文是一种小说的准备，常听到有作指导的对那些学生说：先不要写小说，写散文练练笔吧。似乎散文是初级的玩意儿。此指导不但误了良家子弟，亦更大地侮辱了散文。我倒主张写散文的不妨去写写小说，写写诗和文论一类的文字。现在人理解散文，似乎就是那一种抒情文章，其实，读古今一批散文大家的作品，方知抒情散文在他们的创作中比重十分之少。周同宾读书很多，但若再扩大其范围，再从境界上提高自己，文章会写得比现在更深厚一些的。

作为一个散文作家，其知识结构更需丰富，散文不能是一种轻描淡写的制作，其底蕴的丰厚、内涵的深沉，应是当前散文急需解决的事。这一点，周同宾的散文近作已看出趋向了。希望他能探索得更好，取得大成功。

以上是我曾写给他读后感的内容，信寄去了，他的意思还是写一个序为好，我只好再这么将事情前后写了一遍。实在不成个文章，有些委屈他的书了。但现在读者的兴趣是并不热心读序的，因为流行的序多是一些广告。我无意吹捧周同宾的散文，他自有他的文章在说明一切，作为一个文友，我老老实实说一些话，于他于我实用而心灵安妥罢了。

1986年7月25日于病院

选自《做个自在人——贾平凹序跋书话集》，内蒙古教育出版社，1998年

写不尽的家乡情
——浅谈周同宾同志的散文《乡情》及其它

王志尧

周同宾同志是社旗县人,我和他是同乡。我很早就知道他酷爱写作,小说、诗歌、杂文乃至戏曲,他都写,可见其文学爱好之广。而最能显示他的写作水平的且成果最多的是散文。他自从1963年开始发表散文起,迄今二十余年的创作生涯中,先后有一百多篇长短不同的散文作品问世。最主要的是党的十一届三中全会以来所创作的作品,曾先后在《人民日报》、《羊城晚报》、《人民文学》、《上海文学》、《报告文学》、《文学》、《作家》、《奔流》、《福建文学》、《朔方》、《河南日报》等多家报刊发表。他是当今南阳文化界颇具盛名的散文作者。最近,同宾同志将有两本散文集(《隐井集》、《乡间的小路》)分别由百花文艺出版社和黄河文艺出版社结集出版。可以预言,这是两本富有地方特色和作者个人风格的散文选集,犹如两朵艳丽的散文之花必将给逐渐复苏的散文园地增添新的光彩。

同宾同志的散文内容丰富,格调高雅,且具有浓厚的生活气息。他善于摹写家乡的人情世态、田园风光,善于抒发纯真的乡情,仿佛家乡有着讴歌不完称颂不尽的人和事。我省著名散文家阎豫昌同志曾经对同宾同志的散文创作作过亲切而又中肯的评定:"在你的散文里,同样也表现了你的个性。在《油菜花》、《豌豆吟》中,你把童年生活展现在读者面前,连你家那块不规则的多角形的祖茔地,连那三亩半地上的十七个'土馒头',连你的小名儿,读者都可知道得一清二楚。还有,你师专毕业后初当老师的喜悦,'文革'中被关进'牛棚'的辛酸,心爱的学生们对你的关照、体贴,我们也可以在《啊,老师》中了解得清清楚楚。散文创作最贵的是情真,最忌的是说假话和虚饰,你的作品,是有真情的、有个性的。从你那舒缓的文字表现上,人们甚至还能测出你的性格:沉静、温和、宽厚、谦逊……"(《登攀者的脚印》——致周同宾同志,《奔流》1984年5—6月号)这段真知灼见的评论对同宾同志的作品及为人进行了概括性描述,总结得是那样的准确透辟、生动传神,可谓言简意赅、知人论世。

同宾同志以家乡的风土民情为题材的散文作品可以开列一长串篇目,而且都写得很有情味。比如《乔木三章》(《文学》1984年第3期)、《夕阳》(《报告文学》1984年第7期)、《还乡散记》(《人民文学》1983年第1期)、《乡间小路上》(《奔流》1983年第11期)、《竹之忆》(《奔流》1983年第1期)、《雨丝》(《奔流》1983年第6期)、《纺车儿》(《人民日报》1986年1月14日)、《剃头挑儿》(《朔方》1986年第4期)、《旱船、高跷》(《福建文学》1986年第10期)……篇篇都饱含着深邃的热爱家乡生活的思想感情。就以《乡情》(《延河》1985年第7期)来说,便能从中看出同宾同志乡土散文的特点。

　　文章写得质朴无华,与家乡人总体特征毫无二致;文章写得很有情感,形同家乡人的良善可亲。诚如文章开头所说:"我的家乡,在偏僻的农村。没画山绣水,没茂林修竹。地薄,人也憨……"这非是一般的谦词,而是寓有深意的真情话。客观环境本来如此,岂容饰美拔高?!家乡人世世代代生活在这儿,说不上是好是劣,如实记述而已。至于后面所说的"人也憨"的"憨"字,却不是傻的意思。"憨"在这儿当朴实讲,实是"忠厚"的代名词。说我们家乡人朴实厚道,是符合实际的。只有对家乡深切了解的人才能得出如此恰切的结论。同宾同志选取这个"憨"字入篇,的确是寓意深刻,既生动准确,又亲切传神,读来令人由衷地佩服。

　　作者毫无讳忌地将前些年学生时期及近些年当干部后对家乡不同的思想认识进行了对比,且写得真实自然,颇具深意。他不无感慨地说:"家乡用红薯干儿养活我长大成人,前些年当学生,常嫌家乡穷,离家千里不想家。这几年工作了,总觉家乡美,隔一段儿,总想回去看看。"这种思想感情不独作者有,这在社会上也是有其相当广泛的代表性的。从客观上讲,家乡正经由从穷到富的洗礼,正在发生日新月异的变化,这一切当然首先应归功于党的农村政策的巨大威力,只是文章没有明写罢了。在文艺作品中,含蓄比直白更富有表现力和感染力。另一方面,也反映了人生不同阶段对家乡所产生的不同层次的思想情感。一般来说,青少年时代总是雄心勃勃,想成就一番事业,因此难免有远走高飞之念。然而,随着年龄的增长,对家乡的感情愈来愈深厚。连古代的封建帝王还不忘"衣锦还乡"。看来,不忘家乡情实为中华民族的传统美德,要不,"叶落归根"这个俗语也不会具有如此经久不衰的生命力了。

　　作者在村里辈分低,几乎村里的任何成人他都要叫"爷"或"奶",它是全村人的小字辈,再加上他是全村唯一在外工作的人,因此他在全村乡亲的心目中格外香甜,备受娇宠。他的特殊身份和地位使得他常常还没到自己本家便要"惊动半个村子的乡亲"。乡亲们对他亲切地称呼道:"大孙娃子,回来啦!""他大侄子儿,坐下歇会儿!""哎哟哟,娃娃儿啊,累了吧?……"怪不得作者感到他每次回家"都像掉进了酒窖里,我老是觉着有一种醇美的香味甜味扑面而来,心里麻麻酥酥的"。可以断言,一个对家乡缺乏深情厚谊的人无论如何也不会有如此深切的感受。

我国人民自古讲究礼尚往来。感情的交流总是相互的。乡亲们对作者的真情实意使得作者深受感动,他对乡亲的厚爱更是待之以礼、还之以情。其表现就是:他每每带回去一些糖果,并由母亲分散给乡邻的孩子们。他所能做到的就只能这样。那些土生土长的孩子们得到了糖果后总是"嘎嘎笑着",感到无限满足。作者的儿子"苗苗儿",自然也成为全村人的宝贝,备受全村人的宠爱。作者深情地描绘道:"东家蒸了豌豆糕,总给他送一块;西家熬了绿豆汤,总给他端一碗。老二奶奶给孙子过生日,苗苗儿也跟着过;聋子四爷为儿子说媳妇招待媒人,给苗苗儿送一条鸡大腿。小坠儿在沟里摸了两条泥鳅,总要送苗苗儿一条,用面糊儿糊着放灶膛烧吃;二毛用狗尾草做了两只毛茸茸的小狗儿,总要把最肥胖的一只送给苗苗儿。过五月端阳节,苗苗儿得到十几个香布袋儿,有菱形的、三角形的、圆形的、腰形的、鸡心形的,还有的做成红毛绿尾巴的小公鸡、扳脚胖娃娃……"这段绘声绘色的描写饱含着纯真深厚的乡情,对此作者充满了自豪感和幸福感。是的,这份乡情用金钱是买不到的,这是亘古流传的人伦之乐,致使作者内心里充溢着一种"醇美的香味","都像掉进了酒窖里"一样受用不尽。

令人陶醉的白天过去了,别有风味的晚上更加宜人。晚饭后,树荫下,爹编席,妈织麻;苗苗儿盘腿坐在蒲草编的垫子上,仰望着满天繁星、一梳半月,奶声奶气地唱着:"月姥姥,黄巴巴,爹织布,娘纺花……"这首在农村广为流传可说是妇孺皆知的儿歌连同那个"往年呐,有个孩子,叫王小,和他娘一块儿过日子,家里穷的……"不知重复了多少遍的民间传说,伴随着世世代代的村民的童年永不衰竭,常讲常新,可谓雅俗共赏,其乐融融。这种纯朴可亲的农家乐既是一种有趣的文化生活,又是传统的精神文明,恰如一幅充盈着诗情画意的民俗画,令人百看不厌,散发着幽香。

夜深沉,"带露的草木发出青气,经雨的柴火发出霉味,湿润的泥土发出腥气,成熟的庄稼发出香味。这些气味,混在一起,浓浓的,倒很好闻。在这种醇酒似的气味中,我睡着了。我做了梦,梦中我已年老退休,归园田居,在故乡的村头、地边、场院里、柴门前,继续寻觅着人生的乐趣……"这是文章的结束语。文章虽然结束了,却给人留下了想象的余地,真是言有尽而意无穷。作者的思想至此升华到一个并非神话的崭新的境地。俗话说,日有所思,夜有所梦。梦是人的某种潜在思想的曲折流露。这梦境是他回乡纪实散文的继续和发展,与文章的前一部分浑然一体,共同构成了他热爱家乡的奏鸣曲。从作者的梦想中可以看出,他大有"少小离家老大回,乡音无改鬓毛衰"之感,只是没有"儿童相见不相识,笑问客从何处来"之概罢了。作者与乡亲们一贯保持着密切的联系,已经达到了"儿童相见早相识,皆知客从何处来"的地步。

同宾同志堪称书写乡情的高手。从小范围上讲,写的是一村一地,写生他养他的故乡深情,这乡情自然包括方圆数里之内本乡本县的风土民情。从大范围上讲,也写南阳地区,写河南全省,乃至全国各地。凡是他足迹到达过的地方,几乎都有散文问世。他写得是那样的深情执着、那样的快意洒脱,充分展示了他热爱生活、热爱家乡、热爱祖国锦绣河山的热血情怀,唯有如此,才无处不成为他讴歌和描绘的对象。

和《乡情》形成姊妹篇的还有《还乡散记》(载《人民文学》1983年第1期)。该文选取春天黎明时分的特定时间作为考察点,着意描写了准备给儿子相亲的二嫂,终生操劳、善于安排家务的四嫂,以及前去购买耕牛的三伯等几个凡人及几村小事,然而却能够写得不落陈套、饶有风味,从而使作者从"暮暮时节的一个清晨中,体味到农家生活的无限乐趣",甚至不无感慨地叹息道:"可惜,直到今天,我才领略了它的美。"这几朵小小的生活浪花极大地激发了作者趣味盎然的晨兴。

在同一篇散文里,他又选取了浪花渡这个特定环境,并通过对浪花渡的回忆,自然而又深情地为子女们描绘了一位老船工"水生大伯"的感人形象。作者儿时曾在柳叶河畔的浪花渡翠柳丛中拾柴、放牛,在渡口嬉戏笑闹,并且经常听水生大伯讲述稀奇古怪、趣味横生的故事,致使这一幕幕的特殊经历一直在他的回忆中流淌。及至见到水生大伯在浪花渡里"独立船头,挥舞着长竹篙","木船像一个尖刻的犁头,冲破映在水中的红霞",把密匝匝的一船人冲到渡口时,作者感慨万千。这位风里来雨里去的冲船老汉,经历了几十年的风云变幻之后,依然是那样的爽朗乐观、勤劳纯朴、和善可亲,怎不叫人油然而生敬意?!

同宾同志写人有挚情,状物亦有新意。他在《乔木三章》(《文学》1984年第3期)一文中独具匠心地写了家里的三棵树:大仙杨,涩棠梨,弯腰枣。原来这三棵树还有不同的经历和故事哩。被称为神树的大杨树,并不能解除人们的三灾八难和贫穷,人们对它枉费虔诚,及至五奶奶的长孙六年前把大仙杨锯掉之后,一家人过得很幸福,并未出现异常。说明,党的英明政策才是致富之本。那棵连蜜蜂蝴蝶不恋其花、饿了的鸟儿不啄其果的涩棠梨,并非毫无用处,一旦遇到县文化馆那位刻画儿的艺术家,立即身价百倍,终于派上了用场,"它好比一个细皮白肉的姑娘,找到了称心的婆家"。作者对涩棠梨的描写也是饱含着深意的。那棵弯腰枣"皱裂的皮,干枯的枝,弯着的干,确实像一位比奶奶年龄还大的老人",但是单靠每年腊八节,在树上砍几刀,抿上腊八粥,再念几句祈祷的话,那树是照旧不会结枣的。然而当三叔按书上的办法,把枯枝砍去,把枝桠锯短,把皱裂的树皮刮掉,把隆出地面的老根砍断,挖坑施肥之后,枣树终于结枣了。这阐明了科学与迷行的关系。作者就是通过这些看似平淡无奇的小事揭示深邃的哲理的。

同宾抒写乡情,具有真情实感。他善于捕捉生动的家乡语言,用这些家乡语言写出来的作品读起来使人感到分外亲切。这些乡音乡语看土不土,是经过作者提炼过的富有生命力的生动语言,却不是粗俗之语。从此也可以看出他与乡亲们在思想感情上的融洽和谐。这也是他能够得心应手地运用群众语言写好乡土散文的优越条件。例如他在《夕阳》(载《报告文学》1984 年第 7 期)一文中就形象地记述了三个不同经历不同性格的老婆婆:杠二奶奶,春三奶奶,奎五奶奶。在他的笔下:"杠二奶奶人高马大的,要不是脑后绾个头发纥髻儿,很像个魁梧的男人;春三奶奶身材矮小,浓眉大眼,满头白发梳得纹丝不乱,可以想见五十年前一定是个十分俊俏的姑娘;奎五奶奶胖乎乎的,一副福相,脸上的皱纹细而浅,只是脊背有点驼。说着话儿,杠二奶奶高腔大调的,春三奶奶慢声细语的,奎五奶奶啰啰唆唆的,像一盘锣鼓,配合得很协调。"这真是一组生动细腻的写生画。他善于摹写人物富有个性特色的语言:"春三奶奶:'唉,我知足哟,活到今天,死了也不后悔。'杠二奶奶说:'哼,我才不死呢,还想再活十年、二十年哩!'奎五奶奶说:'哈,活着总比死了强,今天我才知道活着有味儿!'看来,三个老人在探讨人生的哲理呢。听她们说着,我想:三个老奶奶本身不都是一篇文章吗?"这委实是一篇绝妙好辞。写人记事,三言两语,便能惟妙惟肖地刻画出人物的精神风貌。

他在《还乡散记》中记述了一位开朗风趣的四婶的几个小片断。说她是"黎明即起,洒扫庭除,四婶多年来如此。有顷,他朝西厢房叫道:'小顺子,快起来,你没听黄莺鸟骂你哩!'"紧接着写道:"真的,树枝上,黄莺不歇气儿地叫着,喳钩儿,喳钩儿,喳钩儿'地唱着在院子里飞过。四婶是公冶长,识鸟音,每种鸟的叫声,她都能听出来意思。杜鹃鸟叫的是'小孩别哭,妈妈种谷',老黄莺叫的是'割豆啦,割豆啦',那黄莺的'滴溜溜,滴溜溜'的卷舌音,四婶翻译出来的意思是'白面条子卜溜溜,小鳖羔子你不放牛,你有理?'显然,是斥骂贪吃偷懒的小孩子的。"只这几句绘声绘色的描绘,便把四婶这位性格开朗、见多识广、勤劳幽默的农妇形象活龙活现地刻画了出来,一下子嵌入了读者的脑际。

他在《剃头挑儿》(《朔方》1986 年第 4 期)中,描绘了一位心地善良、技艺高超、乐于助人的农村理发师的感人形象。这位祖祖辈辈以理发为业的师傅论技艺赶得上城里理发店的高级理发师。他给小孩子剃头,方法得当,常常逗得爱哭的小孩子也乖乖地听凭他的摆布,这一手是人人称道的硬功夫。除此他还会给人正骨推拿……他所描绘的剃头师傅在许多乡村都可以找到影子,由是读来更增添了亲切感。

同宾同志抒写乡情的散文约占他全部散文的半数多,已初步形成了独特的风格。他的散文实际上也有一条线索贯串,那就是农村形势小有洞天的窗口。特别是十一届三中全会以来,正是他散文创作的丰收期,一篇接一篇地发表,令人目不暇接。他感到有说不完的心里话、有抒不尽的故乡情,他以多产和优质而驰名于当今南阳文坛。

那么到底是什么力量驱使他一发不可收呢?若硬要找他创作的动力和诀窍的话,则他在《土的思绪》(《南阳日报》1987年2月24日)里有几段话可说是这种成功经验的最有说服力的剖白。"我是农民的儿子,小时候玩泥巴,成人后打坷垃,土里生,土里长。故乡的泥土,给我衣食,也给我思想、情感、哲学、艺术。我的习作,虽幼稚粗浅,却也是故乡的泥土赐予,我不忘故乡泥土的恩惠。近些年来,虽然离开了故土,山隔水阻,可我的心仍系在那里,一拿起笔,故乡的人、事、情、景,便又历历宛在目前。故乡的浓郁的泥土味,便醺醺地飘拂在身边,使我陶陶然沉醉。我的作品,是乡思的记录,也是我献给故土的赤诚的恋歌……我多次还乡,走在土路上,依在土堆上,耕耘在土地上,憩息在土屋里,伴着乡音,看着乡景,浴着乡情,心里分外惬意,似有一股甜甜的潜流在胸中缓缓淌,使我忆起儿时,追回青春,一再重温那馨香而美丽的梦。我便有了灵感,有了构思,有了语言,有了孜孜求索的勇气和力量。"我深知同宾同志的为人,这的确是他的肺腑之言,毫不矫揉造作。言为心声,他是言行一致的人。在他看来:"即使从远方得到了良种,也总要埋在自己生活的土壤中,汲取养料和水分,再加上阳光普照、雨露滋润,方可能有丰稔的收获。古的传统的启示,洋的'流派'和'主义',如果不和此时此地的生活相结合,不沾上当代中国的泥土味,充其量仍是一件老古董或舶来品。"他甚至奋笔疾呼:"有志于文学创作的朋友,去亲近你脚下的泥土吧。你品透了泥土味,便获得了劳动人民的心。你的作品濡染了泥土味,便会具备迷人的魅力。愈是乡土的,便愈是民族的;愈是民族的,便愈是世界的。一开笔便想到古人、洋人,你根本找不到知音。为父老乡亲写作,倒会得到更多的共鸣。"这话说得多好啊!我们由此可以清楚地看出这位善写乡土散文的作者的一片痴子之心。

关于同宾同志散文创作的这些特点,他本人是这样认为的,别人说得更为客观。当代著名作家贾平凹为周同宾的散文集《隐井集》所写的序中说:"我是这么认为:周同宾或许可以说不是才华横溢的人,文思亦不是滔滔,字句也不是灼灼,但他并不强迫自己,并不着意浓妆艳抹。他的散文,不靠那些所谓诗的语言伪装,在很盛行的一种洋装潢化中,他本质本分本色,文章就有了憨憨之情、可爱之处……周同宾的散文好在他有自己的天地,他把农家的生活一劲儿写出,篇篇都是创作,即便那些并不甚成功的篇什里,也必有一节或数节极精彩的描写……"(《〈周同宾散文集〉序》,《散文选刊》1987年1月号)我认为,这绝非溢美之词,而是颇有见地的结语。

  同宾同志是一位勤奋的耕耘者。如今他年富力强,正处于创作的旺盛期,正向散文创作的山巅上攀登。据不完全统计,仅1986年,他就在《人民日报》、《现代作家》等报刊发表散文36篇之多。其中《纺车儿》(《人民日报》1986年1月14日)、《故乡人物记》(《奔流》1986年第4期)、《旱船、高跷》(《福建文学》1986年第10期)等篇写得尤为出色,读后均能给人以深刻的启迪和鲜明的印象。然而,他尽管在漫长的散文创作中积累了较为丰富的创作经验,也基本上蹚出了一条有个人特色的创作路子,但毕竟还存在某些不足之处,为此他更加谦虚和刻苦。贾平凹同志在同一篇文章中还说过:"……他(指周同宾)若要突破的,是不是更应注意题材的扩大、角度的变化,更开放、活泼一些呢?""周同宾读书很多,但若再扩大其范围,再从境界上提高自己,文章会写得比现在更深厚一些的。"这显然是提出的更高层次的要求。初期,阎豫昌同志也曾开诚布公地指出过周同宾散文创作的弱点:"我赞美你散文的成就,也确实感到读过你的作品,即令是你的最好的作品后,仍感到有不足之感,总觉得似乎还缺少了什么。仔细想了一番,我觉得,你散文的长处是'发现美,写美',你的长处,似乎成了你不能迈过去的一条鸿沟。"(《登攀者的脚印——致周同宾同志》,《奔流》1984年5—6月号)对于上述这些颇有见地的忠告,同宾同志欣然接受并正悉心改进。如今他在散文创作的征途上正向着生活的深层开掘,不只是停留在发现美、写美的层次上,而能客观公正地揭示生活的本质底蕴,从而消除了某些作品所给人留下的单薄、表层化感觉。我们读着他接连问世的散文佳作,从中不难看出这位在散文创作中勤奋攀登者的脚印,从这些脚印中甚至可以依稀辨认出攀登者所留下的殷红的血渍……

原载《南都学坛》1987年第2期

同宾，真的醉了你？！

孙 荪

在当今的文坛上，说谁谁是小说家、谁谁是戏剧家、谁谁是理论家、谁谁是诗人，自然是威武得很；但若说谁谁是散文家，那就好像是作家的分量不够似的，有点人微的味道。纵然你有上百篇够成色的散文作品，终究抵不上几部影剧或若干篇小说。

于是，有谁甘愿冒傻气专治散文呢？有，也不多。

但还是有，周同宾就是一个。

芥末调凉菜，各人心里爱。周老兄独独钟情于散文，他一点不害羞地表白，他"恨不能为它献出七尺躯、一腔血，如一个痴情的女子，既许配一个如意郎君，就死心塌地地跟他过一辈子，除非他有朝一日彻底遗弃了我"。而且他口里说的，正是心里想的，也正是手里做的。一九七九年以来，他在全国报刊上发表的散文竟逾百篇。

百余篇，又是业余，这是个了得的数字吗？

但是，要是光从作品的数量丰富来证明他的"痴迷"，还显表面了些；当深入体会一下作品的意味，就会强烈地感到周同宾对散文的"痴迷"根源于对表现对象的陶醉。

同宾，可是真的醉了！这是他的文章透露出来的。

别的不说，只以写故乡的一批文章为例，就随处可以看到和闻到这种充溢着的、弥漫着的醉意。

大概由于历史的变迁、城市生活的纷扰和距离所产生的美感这几种原因的合成，周同宾对故乡在心理上感情上曾经发生过一个大幅度的变化。前些年当学生，常嫌家乡穷，偏僻，没画山绣水，没茂林修竹，地薄，人憨，因此，离家千里不想家。这几年不同了，工作在外，总觉家乡美。美到什么程度呢？他写道：每次回家，都像掉进了酒窖里，老是觉着有一种醇美的香味甜味扑面而来，心里麻酥酥的。带着这种主观感觉，作者眼里的故乡，"山水美，田园美，一块石头，一朵野花，一间茅屋，一条小径，都能上画，随便朝任何一个地方看去，都是好风景"。

作者在这种"微醺"的情绪中展开了对故乡的描绘。在同宾看来，故乡的一切无不可书,都奔在他的笔下。任何一个题材都像将熟的葡萄:掂起来就是一嘟噜一串串。周同宾出心想用散文的尺幅制一个七宝楼台式的百景图,或者把他的故乡当成一棵大树,要在这棵树上雕出一座千手千眼佛来。

这可得要点真功夫。当一个散文家,能够走南闯北,游历天下,士农工商,访察万人,写奇述怪,探幽发微,言人所未见、人所难见之人、之事、之景,这固然也难,它却易于吸引读者、获得成功。但是,周同宾要写一个极平常、极易见,甚至有点贫乏的乡村,这可真要考验一下作者的本事了。

周同宾的本事就在于写出了这个极平常乡村的不平常之处,极易见中的不得见处,写出了贫瘠乡村的丰富来。

连作者自己也承认,他的家乡是个最普通不过的村子,甚至可以说这是一个站在村头一眼可以望穿的村子,无传奇人物,无像样的山水林木。但在作者眼中,这也是一个"世界"。而这"世界",不是一人一物独占的,而是形形色色组成的;不是一天生成的,它有自己的历史。每一个组成部分,都有自己的一部历史。没有山,石头少,石头便成了稀罕物。于是村中的几块石头,都有自己的名字,年深月久,也都有自己的故事。没有大河,桥不多,几条石板、几个石磙支起的石桥,也有了名字、有了故事。请听这名字:将军石、福寿石、泰山石,马蹄桥、德善桥、糊弄桥。而这种名字一和神话传说、历史人物、善恶故事相联系,就多少带上了几分神秘、神奇、神圣的色彩,那眼前的粗陋简单的外形因有魔术一样的古老生命在跃动而变得生动起来。于是,死的、静的变成活的、动的了,极平常处显出了不平常。

但是,周同宾的散文并不是风俗风物志,尽管他在这方面的叙写,文字简练而晓畅,得几分六朝小赋的神韵。他的用心是把散文的笔触伸进人心。他要表达他对人的某些发现,表达极易见中的不得见处。周同宾有一个不小的创作目标:仿效民间剪纸艺人的手法,为本村一百个平头百姓留下粗略的侧影。而且立下信条:文中一字一句、一枝一节都务求有据,绝不敢生编硬造,生怕对不住父老乡亲。

这是"写真"。一个"真"字会难倒人的。但要不真,那就把散文改称小说算了。真人真事,并不太难,难的是写出真性、真情、真趣、真理。看样子,同宾胆气很壮。先是赖于熟,人熟,事熟,人物关系、故事场景都熟。这是同宾的一大优势。因为熟,写来顺手。但怕的也是写顺了手,一百个人物,一个路子下来,将何以堪?从读到的十几个人物来看,同宾很注意不同特征、不同角度、不同写法。有的是列传,有的重在记事,有的重在写情,都力求写出人物的特色来。如《故乡人物志》《故里三丑》写出六个各有特殊人生遭际的人物传略,于奇中见本色,于怪中见灵性,于个人历史中见出社会的变迁。《榴花村二题》中写了两位现代"乡贤",他们的事迹和精神都有"传世"的价值。在为这些人物立传中寄寓了也显示了作者的人生价值观念和质朴诚挚的爱憎情感。

写好散文细说起来有十条八条以至更多,但大都不外四个字:真情实感。或者再加四个字:情景交融。唯有真情实感,才能打动人心;唯有情景交融,才能出现艺术佳境。同宾的散文,长处不在抒情,尤其是抒写天落狂飙、意气风发的灵魂风雨;它长于叙事,每于有头有尾的故事叙述中描景抒情,有明显的小说的因素,有些篇什颇类小说。但是,同宾的艺术触觉是很细致绵密的,情感是异常敏锐纯粹的,它能在自然和人生中抓住那种若有若无、可意会而不可言传的景与情,作出生动鲜明的描绘。比如,他运用水墨和工笔两种画法对故乡暮春时节的清晨和夜晚景色的描绘像电影中的慢镜头,静中有动,声态并作,色彩层次丰富。我特别欣赏他那样小心翼翼以至于细致入微地描写了秋天田野上飘忽不定的游丝和林中捉摸不住的"天籁",这种纯净的文字、尖细的笔致让人读着心颤。写到这里,我不由得把写"天籁"的那一段抄下来。

作者大概想写天籁而不愿直接下笔,于是从外到内,渐次深入,由官感而心灵,由实入虚。先写走进林中的视角听觉嗅觉感受。他一人走进林中,先是发现,此地无蝇,也无蚊,有的是蝴蝶、蜜蜂,无论走到哪里,它们都在身边飞、耳畔叫。空气里,有松香味,有草木的青气,闻起来,心里麻酥酥的。峰岩上,一挂飞泉,下面,滴成一个不大的潭,潭边,流出一股水,扯成一条小溪。潭水,黛青色的;溪水,豆绿色的。鱼儿都露着黑色的脊梁、喋喋的小嘴,从潭里出来,游进小溪,玩够了,又顺小溪游回潭里。他跳水里,濯足,洗脸,水凉而润,顿觉心清神爽。又上岸,在浓荫里盘桓、流连,抚摸每一棵树,摩挲每一块石。这一切感觉写是写够了,作者也渐入佳境,在大自然的怀抱里体味愈来愈深、愈来愈细,于是,全部感觉系统共同作用地听到了或者说在心里感觉到了一种声音。

我闭上眼,但闻泠泠的水声、细细的风声,和间或一两声山雀儿的轻悠悠的啼啭。还有一些声音,琐琐的,纤纤的,是蝴蝶飞过的翅翼声?是小甲虫在树枝上爬行的足音?是枯叶落花掉地时的颤动?这些声响,融合在一起,时断时续,似有若无。

作者在心里起了疑问,更起了感应,他无问而答:

哦,这是天籁,恐怕自远古的洪荒时代,自人类的童年,都是这样吧?这些声音,像一个细眼儿的筛子,筛掉了尘嚣嘈杂,剩下的只有幽静。我自己似乎一下子脱却尘缘,倏忽被净化了,竟忘掉了人世的纷争、个人的烦恼,似乎也忘掉了自己的存在,忘掉了时间和空间,好像我也已物化为一棵树、一块石,和这山林成了一体……

人和大自然之间,达到感应和领悟,以至于到了物我两忘的境界,这是高层次的情景交融。同宾文章的题旨在于取景物的象征意义,重心在表现他的人物,以游丝喻写云姑的情,以天籁比附寿生大伯的志,把人物置于更加空灵而优美的环境背景上,两美相映,这也是一种写法。但是,我倒以为,同宾倒常为人物故事所累,即使没有人物、没有完整的故事,只有作者"我"眼中心中的景与情,岂不也是美文吗?

靠着同宾这支散文家的笔,写出了故乡的前前后后、左左右右、里里外外、古往今来,一个平面的沉静的村庄,成了立体的、流动的了,一个贫乏的村庄敞开了它的丰富。这是同宾对故乡的一个报答、对文坛的一个贡献。

前面我说,在同宾写故乡的散文中,往往流露出一种醉意,他的文章显示出作者对表现对象的痴情。现在我还要重提一下:同宾,是真的醉了?醉眼朦胧是看不清、看不深、看不透景、物、人、事的。同宾的散文表现出对故乡的一往情深,在艺术上,常常表现为一种田园牧歌式的单纯的类。单纯,不是不好。但色调的单调、思路的单线,不是佳境。我并不主张人人都来大江东去、大起大落、小溪流水、田园牧歌,就一定不算高格。但一种形式、一种风格,总要日趋丰富、日趋深邃、日趋浑厚——就在他所追求的形式风格内。艺术格言说:美在醇,不在纯。要造酒,不要造酒精。多色调的繁复多样乃至驳杂的生活和人生,需要相应的艺术表现。质朴、家常、实在,都是极可宝贵的品格。但这些,都应当成为加重艺术分量的砝码,而不应成为阻挡艺术飞腾的障碍。

我并不主张每篇散文都要紧跟形势,与生活同步,但是,处此历史大转折时期,作家的意识、观念、眼界、眼光,却不能不力求跟上以至登上时代的先进层次。就对我们的乡村、乡亲、乡情、乡景、乡俗的态度来说吧,就不能不更多地带上比较的眼光来审视它以至于剖析它。同宾是喜好作纵的比较的。用老话说,今昔对比,一比,比出了变化,富裕了、活跃了。但老是作这样的比较,就远不够。比如说,横的比比看;更何况,即使纵的比较,也有新的光怪陆离、新的酸甜苦辣。这不是要写社会学论文,不是要写小说,但作为散文家,视点、视角,却不妨换换试试。在这个意义上说,作为散文家的头脑,不妨说应当更清醒些、更犀利些。

我在阅读和写作中,常不免抚案叹息:弄文学创作,写散文大概是最容易的,而写好散文,大概是最难的了。在文学这个大家族中,散文是资格最老的,小说、戏剧比起它来,都太年轻了。文章忌熟。举凡题材、题旨、章法、笔法,一与人(或己)同或似,就好像仿制的文物一样,价值大减。可是,翻开中国古代散文和"五四"时代的散文,好文章似乎都让前辈写完了!作为后辈人的我们,怎样才能来一点"前无古人"的新玩意儿呢?这是我,我知道这也是同宾,以及许多文友最费脑筋的事情。散文的要素,分析起来,有景、有物、有人、有情、有趣、有理,但一篇作品应该是完整的浑然如一的有机体,这才能活生生的。文章一尾随人后,就落套,就死相。文章一形成某种因素加某种因素(比如一般议论＋景物＋人物＋抒情),就是在重复自己,也就是在衰退。因为怕这两条,我常常不敢多写散文,只偶或一试。

同宾的文章还没有形成这两病,但已隐隐感到章法和笔法的某种惯性。我希望同宾能得空审视一下自己,为更宽更深的拓展和更高的登攀寻找新的路途;找不到,就辟生茬子。要是艺术创造的胆量不够,干脆就由微醺喝成大醉,趁着酒力大弄几下,兴许会有破格的奇品出手。

1986 年 5 月

原载《散文选刊》1988 年第 3 期

平淡之中见瑰奇
——周同宾散文创作研讨会纪实

白万献　张书恒

时间:1995年1月21日

地点:南阳市宛城区委

白万献(主持人,《卧龙论坛》编辑部主任、副编审):今天的研讨会是由宛城区委与《卧龙论坛》编辑部联合主办的。同宾同志散文创作几十年并取得了丰硕的成果。这个成就的取得不仅是同宾同志个人的事,也是南阳文学界的事。今天把大家邀请来的目的是想请诸位仅就同宾的创作情况发表高论。下面先请杨炳旭同志代表宛城区委给大家讲话。

杨炳旭(南阳市宛城区委副书记):首先我代表宛城区委区政府向今天光临"周同宾同志散文创作研讨会"的各位市里领导、作家、理论家表示热烈的欢迎。在过去的一年里,我们宛城区各界借着撤地设市和深化改革的东风,齐心协力,努力奋斗,在政治、经济、文化等方面都取得了可喜的成绩。文化事业是我们工作的一个重要方面,也是展现我们宛城区人民精神风貌的一个重要窗口。在今后的工作中,我们要加大步伐和力度,把我区的文化事业搞得更好。最后,祝这次研讨会取得成功!

白万献:下面请宛城区委宣传部副部长周玉坤同志讲话。

周玉坤(宛城区委宣传部副部长):今天的会议室略显小些,但我们大家"挤挤一堂",希望能畅所欲言。已近新春佳节,大家在百忙之中来参加这个研讨会,是对我们宛城区文化工作、文学创作的极大支持,也是对同宾老师创作的一个很大支持。我想,今天这个研讨会深与不深、透与不透且不管,权当春节前的又一次聚会。在此我谨代表宛城区委宣传部向各位到会同志表示谢意。

白万献:下面请兰建堂同志向大家介绍周同宾同志的生平与创作情况。

兰建堂(中国曲艺家协会会员、河南省曲艺家协会理事):我和同宾同桌共事多年,彼此很熟悉,就当仁不让了。同宾1941年生于社旗县一个农民家庭,60年代毕业于南阳师专中文系,随后到原南阳县瓦店中学教书,70年代调至南阳县文教局搞创作,85年以后到县文联,即现在的宛城区文联至今。他目前是中国作家协会会员、中国曲艺家协会会员、河南省散文学会常务理事、南阳市作家协会副主席、宛城区文联副主席。著作有散文集《乡间的小路》、《铃铛,丁当,丁当》,分别由河南人民出版社和海燕出版社出版,接着是百花文艺出版社出版的散文集《葫芦引》,和94年由中原农民出版社出版的一本散文集《情歌·挽歌》共4本著作,95年还要有两本著作问世。同宾由上学到教书又到文化战线,曲曲折折几十年坎坷不平,但始终不忘文学,特别酷爱散文,60年代就已开始写作。同宾散文之所以成功,之所以打出省界走向全国,进入优秀散文之林,我只简单说出三个因素:1.有丰富的生活。我所说的主要指农村生活,他丰富的农村生活积累。2.渊博的知识,博大精深的学问。同宾从另一方面说是个学问家。3.有很深厚的功力,就是说有娴熟的写作技巧。我不作具体的评论,仅把这些观点提出来,主要是想听听大家的高论。

白万献:请同宾同志向大家介绍一下他的创作和他对散文的见解。

周同宾(中国作家协会会员、著名散文家):我是前天才得知要为我举办这个研讨会,很感谢市社联、《卧龙论坛》编辑部对这次会议的精心组织、策划,也感谢宛城区委提供许多必要的条件,我更感谢朋友们在紧张的写作生活中,在春节前诸多家务和应酬的情况下,能抽出时间来参加这个会,我既感谢又非常不安,除了感谢之外,自己只有好好地做人和作文了。我写散文若算历史的话,从58年写些火柴盒、豆腐干之类开始到现在共有600多篇,唯到近一两年才稍稍知道散文是什么,写的才像散文的样。我这样说决非矫情。目前散文创作似乎很繁荣,一片热闹气象,这种现状我认为是好事也不是好事。好事是散文很容易发,报纸杂志很多,光约稿应付下来就可以了。这是不正常的。散文永远不可能高产,如果高产,质量必差。我过去之所以写得多,就是因为质量差。我现在已经深感这么个情况,光写散文不可能著作等身,甚至连等膝也不可能。散文不是读的,是欣赏品味的,品味里边的文化内涵和艺术品格,这是性灵与性灵的契合。而现在的散文不少是文化快餐,我给它定位叫"通俗散文"。一些女性散文,纯写些初恋、初欢、初夜、初为人妻等等,赤裸裸地把自己展现给读者。我想要把心交给读者,要把真情实感交给读者,要把灵魂交给读者,要剥开心灵外的躯壳,而不是要把衣服脱掉,露出女人的胴体或男人的光身子,这样不行!再一种是名人或准名人的随笔,不少是平庸之作。在这种情况下,作为一个散文作者怎样写?是也去迎合这种快餐文化,还是尽量写得深一些、厚一些、味醇一些?走前边的路是容易的,任何一个东西都可以写篇文章,一些零碎的感受都可以敷衍成篇,但能不能显出大家之气?不可能。所以摆在我面前的是如何能更进一步,到底哪里是自己的长处,哪是短处,下一步如何写好,不以量取胜,尽量以质取胜。希望朋友们像医生号脉一样诊出我的毛病并开出药方,功德无量!最后再次向朋友们的光临表示一种很复杂的心情。

白万献：下面由大家自由发言。

周熠（中国作家协会会员、著名作家）：与同宾结识这许多年，他的人品和文品都是令人钦敬的。受他的影响，我这些年也学着写些散文，文字上的交道更深厚。我觉得同宾的散文有以下四个特点：一、真挚而亲切的乡情、乡风和乡音；二、鲜明而凝重的时代感、人生感悟和沧桑感；三、塑造了一批有血有肉、亲切可爱的众生相；四、简约、质朴、老到和富有个性的文学语言。我觉得这几个方面给我印象、影响比较深刻。前年宗璞回乡与我谈及怎样做好散文时只简单回答几个字："真情、见识、文字功夫。"用这三要素来对比一下同宾的散文确实也都具备。关于第一点我想大家都能感觉到，甚至一般读者也能感觉到。白居易说："感人心者，莫先乎情。"但怎样在散文中体现这个"情"，我认为关键是一个"度"。对于真情实感如何在散文中表现得有分寸，这是很有高下的。比如有些作品同样是由真情而发，但读起来反而使人感到这种情不真实，就是说"情"过密阅读效果也不太好；过于冷峻，散文写得没情没义，读者也会产生疏离感，感情也就燃烧不起来。一篇散文如果能把"情"写得恰到好处，引起读者共鸣，掀起读者感情的波澜，我觉得这是散文成功的一个关键。这一点同宾把握得恰到好处，他的名作《祭幺婶文》等都有很好的体现。他作品中这种"情"的体现确实值得我们很好地切磋和借鉴。关于第二个特点，在他的作品中也比较明显。简单地说，就是他在作品有限的篇幅里所表现的意蕴比较丰满，给人以很丰富的联想与启示。他大量写农村生活的人和事，时代感很强，生活气息浓郁是不用多说的。他的另一部分作品看起来写棵树、写座桥，故乡的拴牛桩、黄花苗等等，各种风物，都有一种很含蓄且很深刻的感情寄托和意念的表达。这就让人觉得作者不是为写花鸟虫鱼而花鸟虫鱼，也不单是为写一个人而一个人，它对人的启示、对人生意义和时代的透视、对历史的折光式反映都能看得出来。关于第三点，他的作品表现的有生者有死者，有青年有老人，有男有女，把农村中的三教九流、芸芸众生的百态社会无不活灵活现地加以体现，这同样是大家气象的体现。他能把一些看起来似乎很平常的人和事加以概括、提炼地表现出来，写得很有滋味很有情趣，而且写人必活。读他的《皇天后土》系列里的99个人物以及其他的一些作品，都涉及了农村各种各样的人物，性格相当饱满。这大概与他丰厚的学识有关，人物形象是立体的。关于第四点，我个人认为，语言本身不是艺术，它只是人们交际的工具，但是如何能巧妙地运用、驾驭语言，对它进行新的组合，这才成为艺术。散文十分讲究遣词造句，所以从某种意义上说散文是语言的艺术。同宾的散文语言很有个性，就我个人，不看作者，光读作品就能知道是他写的。我很难用具体的话语把它的特点表达下来，但我能感受到，他已形成了自己的散文语言，比较个性化。他不大用那种繁复的长句子，一般比较短、简,夹杂着一两个古汉语里的词句,但又不是有意识地制造。阅读起来感觉很自然。虽然句子短小简洁,但承载量是很丰富的。以上是我很粗浅的感受。如果同宾的散文在思想上更锐利一点,可能会更好些。

廖华歌(中国作家协会会员、青年散文家):我在 18 岁时就读到周老师的散文,这么多年一个突出感觉是文章越做品位越高,人也越来越善良。评论家好像把目光更多地投向他的反映农民生活、关注农民命运的一系列散文,这些散文的艺术、文化品位是有目共睹的,它和老乔的用小说形式反映农民命运是有同等意义的,有它的深刻现实性。但我更加注意他的另外一部分作品,比如《丹江游记》、《祭梅》、《读石》、《读树》等,这一类我更加喜欢。首先我觉得他在否定自己,他的这部分作品与反映农民题材的作品相比有着更幽远的意蕴,他不是在走那条驾轻就熟的路,他在张扬自己的想象力。首先我认为,一个作家,无论写小说、散文,还是诗歌,如果张扬不开自己的想象,说到底是蹩脚的。而他这一部分作品把抒情与哲理、朴素与真诚、鲜明意象与丰富内容结合在一起了,卓然不同于他自己以往的风格。其次我觉得周老师的作品充满着思辨色彩和哲理意蕴,包括他的写农村生活的散文在内,都有机地渗透在里面,让你在从容不迫的阅读中体味得到。他的作品并不是一般的再现生活,或者把自己的思想凝聚在一点上,卒章显志,而是把自己的思想融入到作品的字里行间,使作品显得更加成熟老到。再次我觉得他的文字有较高的审美品位,除真诚、自由、散淡的特点外,还具有醇厚、幽远的特点。我特别推崇他发表在《光明日报》上的那篇《祭梅》,写得太妙了!绝对不同于他以往包括目前正在创作的《皇天后土》系列,这里面透露出一种很高的审美品位,我觉得至少从《祭梅》开始他在开辟另外一条路,是里程碑式的。总的说来,周老师写农村生活的部分作品已有公论。我更喜欢他的另外一部分。如果一定要提意见,我建议写得再虚一点,这个"虚"并不是无物可言,就是说像《祭梅》那种可进一步发展。

二月河(中国作家协会会员、一级作家):同宾的散文读得不多,没法形成系统的观点,我仅谈点看法。我周围一些我认为文化档次相当不低的人,几乎每一次见面他们都要提起周同宾,说周同宾的散文已经达到了炉火纯青的地步,我给他们讲我只知道是第一流的,但是不是超一流的我没有研究。为啥说好呢?我读他的散文有一种很苍凉的感觉,有一种历史感。我本人也算半个历史学家吧,但我很喜欢他这种散文。读之犹如在嚼一颗味道很重的橄榄,一直在心灵深处回荡,被作者在作品中所流露出来的历史情绪所震撼。他的散文可以是散文,也可以是小说,讲了许多催人泪下的故事,塑造了许许多多性格鲜明的人物,所以说很沉实。同宾的散文已经够含蓄了,我认为还要进一步含蓄,进一步空灵。文艺心理学里讲一种模糊思维,比如形容林妹妹,似喜非喜含情目,似蹙非蹙柳叶眉。这种眉这种眼你闭上眼睛就可看到,但现实生活中就很难看到,我的意思是如果能从中受到启发,可能会对创作有好处。当然我有时也主张散文的直与露,这也不一定说就是浅。人类的一些很美好、很真挚的东西还是要通过最直露的语言表现出来,运用之妙存乎于心,这就要根据行文的需要去琢磨。比如安徒生童话《海的女儿》那种很凄惨的结局,海的女儿向上苍呼吁:"上帝啊!你给我启示,请你开化我这一颗蒙昧的心,告诉我这个秘密是什么!"她这个语言相当直露,但读后感到这是对海的女儿的一种凝聚一种加强,是一种血化的语言、凝固了的血痂。就我所读到你的散文里还没见到这类东西,我觉得你好像缺这一味药。散文我认为可分为两大类:一类叫金石派,如精金美玉,其表必附文采,其里非常坚实;另一类就是行云流水式。总之,散文写法很多,具体到现实主义与浪漫主义,我认为是可以结合的而且你已经结合了,结合得不错,但你的浪漫主义不足。读你的散文使人忘欲,使人入世,不使人出世,性灵之美、空灵之美不足,这与你这几年读书多有关,不期然不自觉地就要往书里用。用好了当然好,如果把那些东西取过来,完全变成周同宾式的,可能你就会登峰造极。现在只能说你炉火纯青。

周大新(中国作家协会会员、著名南阳籍青年军旅作家):我觉得同宾的散文正在完成一个"精神还乡"的过程。关于"还乡"在他自己的作品中也多次提到,《还乡琐记》、《乡间的小路》等相当大一部分作品写的是故乡生活,无论他有意无意,他的作品显示出这么一个特点。世界上所有伟大的作家,不管他原来客居在什么地方、写什么题材,最终都要完成这么一个过程。所谓精神还乡主要指两个方面:第一,把具体的描写对象指向故乡,去发现故乡的精神矿藏,从作品中去张扬故乡的精神旗帜。我认为同宾的相当一部分作品都在这样做,他的作品给我留下最深刻印象的是《剃头挑儿》,写一家三代都剃头,把我们故乡农民面对生活的勇气写出来了,看后心里很沉重。特别是梅子这个女孩,会让外面人产生许多感悟,我看过之后的思想就超越了这具象描写想到了另外。我们这里的乡下农人对贫困生活这种平静如水的感觉,不管世事怎么变化怎么艰难就这么承受下来,给我留下的印象非常深。再者是《祭幺婶文》,小说是绝对虚构不出来的。一个活生生的人一生就这样过来了,确实让人觉得可怕,而且还把爱给别人,这个精神旗帜让外边人看了会对我们这个地域产生兴趣,会对人生悟出一些很深刻的东西,这一点我觉得同宾已完成而且完成得很不错。第二,负载新的精神去观照故乡,去审视、发现和批判故乡精神上的一些负面的东西。这方面给我印象深的是《货郎担》,桂花姐和青哥的爱情悲剧竟是因为瞎子的一番胡言乱语,这种事在我们这里农村确实是司空见惯,这种阻碍我们往前走的东西在农村比比皆是。而同宾却用散文的形式把它们表现了出来,他在用他的笔来引导大家深思。同宾这么多年有600多篇散文问世,原因就是他具备了非常丰厚的生活。我想下一步应该把"精神还乡"的过程继续下去。一个作家的引人注目不在于他在各个方面出成绩,往往是在某一方面非常精到,有自己的绝活。写乡土散文,同宾对农村生活的表现与挖掘是当前任何一个著名散文家笔下所无的,也是很难企及的。

徐亚东(青年文学评论家、文学硕士):我想仅就周老师的散文谈点看法。大概每个作家都有自己的追求、爱好和兴趣,有的喜欢浓妆艳抹,写些刀光剑影、叱咤风云的东西;有的喜欢淡妆素裹,以简约的笔墨写些凡人小事、日常生活。周老师的散文属于后者,有一种泥土的芳香,整个作品呈现出一种淡美的风格,这种淡美主要体现以下几个方面:一、题材选取上,没有写些农村大的事件,比如"文革"、新时期的波澜壮阔,而是撷取故乡的一草一木、风土人情,这些东西随手拈来,或生发开去,唱的是农民的歌,这就规定了他风格的淡美。二、艺术手法上的白描手法。周老师的散文无论写景状物,还是叙事记人,不铺陈不夸饰,很平平淡淡。三、语言的运用上,他的语言用字很简洁、精练,言少而意丰,这种简洁又很传神。有质朴、平淡之美,但这种质朴又不是拙讷,文采在这种朴素当中闪耀着。再者,他的散文还体现出一种乡情,散文生命实际在于情,它是散文家心灵的体现,真情实感是散文的最高境界。周老师的散文没有娇气、矫饰,是发自内心的对故乡这块土地的爱。当然,这里边也有他的淡淡哀愁。他对人生的感悟,让人看过之后会产生在与你交流的感受,这同样是真情实感。他写故乡的人文景观,体现最明显的是写故乡的凡人,比如祭文8篇中流露出的那种赤子对故乡的真情,让人读后有一种很沉重的感受,这是作家真情的流露。另外,我觉得平淡与空灵之间应有某种契合。空灵并不是说刻意追求的空灵,空灵可能是对人生大彻大悟之后的,经过作家本身情感过滤之后的那种对人生、对世界更深刻的认识,这样可能会达到更高深的境界。总之,周老师散文的这种淡美风格是在几十年的创作过程中慢慢形成的。

秦俊(南阳市文联副主席、二级作家):我是写小说的,对散文比较隔膜,加上以前搞的是历史研究,所以说缺乏写散文所必备的那种"情"。但是同宾的散文我喜欢看,因为能从中学到许多东西。特别是他作品中所描绘的南阳乡土地方特色、民俗风情、人文景观,我总是刻意留心,基本上能做到"学以致用"。比如我在写《王凌云外传》时望边曾出现一个剃头的,里边所表现的生活、做派很大程度上是受了他的散文《剃头挑儿》的影响。同宾的散文中对南阳地方的反映,对我这个写南阳地方历史人物的人来说,是很有启发的,也是我们认识、考察南阳地方历史时一个不容忽视的重要方面。

张书恒(讲师、文学硕士):读周老师的散文给我印象最深的是散文中所显示出来的那种"气"。我觉得就当前的文学创作,小说、诗歌、散文都普遍缺乏这种"气"。散文实际上在走向堕落,堕落到那种只表现某种个人情调,也就是说失去了它本应有的对人生所表现出的那种大关怀、大体贴、大悲悯。而周老师的散文具备了这种"气",具体讲这种"气"就是"人文精神"。所谓"人文精神"就是对人的价值的肯定,就是对健全人性的追求,以及怀抱着人类不断进步的信念而不断地探索人类解放之路的精神。我读他的《情歌·挽歌》,看到作品中所显示出来的对农民苦难生活的描绘,所表现出的作家对农民命运的关怀,非常感动,所以我认为周老师的散文具备了这种精神。周老师作为一个作家,他本来可以去吟风弄月,可以去雪月风花,但是他的作品中不存在这些,不存在这些就表现出周老师为文、为人的品格。我们今天提到他的名作《祭幺婶文》和那几篇祭文以及《皇天后土》系列都鲜明体现出他作品的这种"气",这是他作品的一个突出特点。其次,周老师散文是生命成熟期的作品,非常质朴而且非常老到,质朴得简直让你看不出他有啥才气,可以说没有才华了,但是,他的才华也就在于此。乍一看他的散文我们可能会觉得简单,语言也并不让人感到多么华丽、多么华美、多么让人赏心悦目,实际上这正是他的功力所在。绚烂之极,归于平淡。我们常说用一枚绣花针、一把纸扇就可以去杀人,就可以把它当作让人见血的武器,这不是一般人能做得到的,而是内功非常深厚的人才能做得到的,我觉得周老师达到了这种境界。周老师散文与当今那些比较花哨的散文相比,当然我不否认花哨,它是一种风格,那是另一条路,周老师走的是别一条路,这条路与那条路相比更加显出一种沉着、平和,这种平和更见大家之气,其实也是散文的基本价值所在。读他的散文,我们一方面能感到人生的艰辛,另一方面又能得到审美的陶冶。他写的情歌、挽歌,我认为这个"情"是唱给农民的,是一个关注农民的系列。挽歌的意思是哀悼那些生活在贫困、落后,甚至麻木、愚昧的不幸境况里的农民,为他们的不幸唱挽歌。我们说鲁迅在对待辛亥革命前后的农民时采取的是"哀其不幸,怒其不争"的态度,而周老师的基本态度"哀其不幸,怒其不争"没有体现出来。由于作家在创作时对作品、对农民注入了自己更多的终极关怀,所以读起来更具震撼力,而且有一种乡野的可靠感。另外,我们都知道周老师是很少抒情的作家,而且很少去刻意写自我,即使抒情也很有节制,用墨很节省,所以读之很真实,情的运用恰到好处。我们知道,散文的抒情,太多容易矫情,情不足在读者心中就得不到共鸣和震动,这同样反映出周老师作为一个老作家的老到和笔法的老辣。

孙幼才(南阳市作协秘书长、作家、评论家):同宾的散文我读得不少,有些也真是读了几遍。我认为他前期散文侧重于歌颂故乡,后期散文开始有些批判。就是说他前期作品里对家乡的山山水水都是在用满腔热情歌颂,后期他在认识上有了深化,他的眼光开始趋向批判现实主义,这是一种进步。我们说故乡美,故乡的一切都好,这只是一种感情,但反过来说,一个作家如果超越不了这种感情的束缚,不去表现更加具体的社会人生,最终只能陷于个人生活的小圈子里,也就创作不出更加高深的作品。同宾的后期作品就是这种升华了的作品,这是我的一个感觉。另外,我觉得同宾是一个富有强烈社会责任感的作家,这种社会责任感表现在他是他故乡父老乡亲的代言人,或者说他在替他们诉说苦难、欢乐,或者说有时是他们自己在为自己诉说苦难、欢乐。他的作品有好几种,从分类上讲,有写人的,有写故乡景物的两大类。比较而言,我更加喜欢他的写人的作品,因为我在他的作品中认识了一大批活生生的乡村农民,我能感受到他们活的气息,虽然他们身上有许许多多这样那样的缺点,但是我更加喜欢他们,而且我能联想到很多很多。最后,我觉得他有些散文的结尾写得太"满",给人留下的思考略显不足。

白万献:今天的研讨会就开到这里,非常感谢宛城区委的大力协助和各位专家的光临。

原载《卧龙论坛》1995 年第 2 期

乡土的守望与歌哭
——周同宾乡土散文创作论

徐亚东

检巡当代散文作家队伍,周同宾无疑是富于特色的一位。这特色在于他把自己的审美视角凝固于养育他的故乡热土,几十年如一日,辛勤耕耘,以其浓郁的乡土性、地域性文化特色标定自己的存在。曾先后出版《乡间小路》、《葫芦引》、《情歌·挽歌》等散文集。《皇天后土——99个农民说人生》更是以其思想性和艺术的创新性荣获首届鲁迅文学奖,尽显他散文创作的艺术功力。

守望乡土:本土化文学观与乡村情感的聚合

孙荪先生在对南阳文学星空散点透视时,曾称南阳作家为"故乡的痴儿",这是一种极富理性的洞见。诸多的故乡痴儿中,周同宾最痴情。自1963年初踏上文学之路,迄今,30余年春去秋来、寒来暑往,除却"文革"十年,他不曾停歇手中的笔,总是饱蘸情感用散文的体式抒写一曲曲乡土之歌,以浓郁的乡音、乡情,袒露"地之子"的情怀。"自打学会舞文弄墨,做的文章都是土文章,一往情深地吟土地之歌"[1],"我的作品,是乡思的记录,也是献给故土深挚的恋歌"[2]。

周同宾几近偏执地把情感指向牢固地投射在"生于斯,长于斯"的故乡热土上,且呈现出倔强的守望乡土之姿。他说:"我认为即使从远方得到良种,也总要埋在自己生活的泥土中,古的传统和启示,洋的'流派'和'主义',不沾上中国的泥土味,它的价值充其量不过是一件老古董和舶来品。"[3]立足本土,以本土为根本规定了周同宾散文创作的基本方向,也成为他守望乡土的一种牵引力。然而真正的内在驱动力更多地来源于他浓烈的乡村情感。周同宾出生于南阳盆地东南隅的一个小乡村。乡村文化氛围一直笼罩着他的生存空间。他与乡村

---

[1] 周同宾:《亲近土地》,选自《唱给文学的恋歌》,文心出版社,1996年。
[2] 周同宾:《亲近土地》,选自《唱给文学的恋歌》,文心出版社,1996年。
[3] 周同宾:《亲近土地》,选自《唱给文学的恋歌》,文心出版社,1996年。

的情感纽带不仅厚实,而且坚韧异常。"故乡的泥土给我衣食,也给我思想、感情、哲学、艺术。"①双重的馈赠不仅培植他的精神根基,甚或已内化为他的乡村文化人格,他对乡村的痴恋、对大地的情感达到顶礼膜拜的程度。"头痛发热,取十字路口的一撮细土喝下,居然不药而愈。即便不小心摔了一跟头倒会有了亲近土地的惬意。"离开了乡村、大地,然而"心还在那儿留着,魂还在那儿留着"。更有甚者,他把乡村作为精神心灵的栖息地,"走在城市的水泥大道上,总没有走在乡间小路上那么舒服,那么心平气和,那么富有安全感和亲切感,那么具有一种温馨的飞鸟入林、游鱼归渊的快乐"②。乡村大道简直成了他灵魂的托儿所、心灵的庇护地。周同宾曾不止一次地宣称:"我是农民的儿子,我身上环流着农民的血液……"这种直言不讳的身份确认,不只是如二三十年代沈从文等人用"乡下人"作为文化旗帜以抚慰无根的精神漂流,抗拒城市的漠视,更不是话语的承袭。它是周同宾与土地、与农民因天然的血缘关系而产生的一种情感指认,是相濡以沫、水乳交融式的源于心灵真实而无任何外在功利性的认同。这种乡村情感决定了周同宾散文创作的最终指归——守望乡土、吟唱乡土。倾听周同宾的乡土之歌,它大致由情歌、挽歌、无言之歌三个音部构成,且呈现出阶段性的递进嬗变。

情歌:诗意乡村的素描

70年代末,周同宾重获创作自由权。此时社会和文学环境渐趋安定和繁荣。他所驻足的故乡的广袤的土地、贫困的乡村也焕发出了勃勃生机。面对万物复苏的现实,心灵获得自由的周同宾怎能压抑住自己的歌喉!于周同宾而言,歌颂新时代、新变化是一种历史的必然。"艺术家本身连同他所产生的作品,也不是孤立的。"③时代氛围、客观现实性规定了他创作情歌的必然性。另一方面,与农村、农民血脉相连,情感相通所形成的浓得化不开的乡村情感更是占据其审美意识的核心地位。当周同宾贴近乡土时,乡村现实无不经过乡情之网的过滤(或许是自觉或不自觉地)留下清新、纯粹和田园牧歌式的温馨。于是,他的情歌式的散文便呈现出一幅幅乡村美景图画。在他的笔下,故乡的无限风情及他沉醉其间的痴迷心境达到了高度的统一。"故乡的山水美,田园美,一块

---

① 周同宾:《亲近土地》,选自《唱给文学的恋歌》,文心出版社,1996年。
② 周同宾:《亲近土地》,选自《唱给文学的恋歌》,文心出版社,1996年。
③ 丹纳:《艺术哲学》,安徽文艺出版社1998年。

石头,一朵野花,一间茅屋,一条小径都能上画,随便任何一方地方看去都是好风景。"(《故里三丑》)一句话,故乡无处不飞花。如若这一切构成周同宾情歌艺术世界的一极,那么另一极便是对乡土子民美好人性的烛照。在周同宾的笔下,乡土子民都是一些普通人,然却具有丰富美好的心灵。长水大伯风趣乐观;十三老汉不惧恶势力,耿直倔强;二嫂勤劳能干;五疙瘩恪守传统,乐于助人,善良纯朴。他们身上无不积淀着中华民族优秀的传统美德。他们与诗意的乡村交相辉映,共同演奏出一曲曲情歌。周同宾诗意乡村的情歌吟唱与艺术上"杨朔模式"的影响也不无关系。杨朔散文创作的理论主张和艺术实践于五六十年代被主流意识形态认同并被众多人模仿,是当代散文史上一个不可忽略的现象。"杨朔模式的成就和局限,表现了作家选择历史的方式,更影响着当时和此后的创作。"①"我也是照着杨朔散文描红起家的……在那么长的时期,我和不少同行一样,以老前辈杨朔为样板,惨淡经营抒情散文……好似散文就是抒情散文,散文家都是'情种'。"②周同宾如是说。这种作为样板的描红,于周同宾而言更多的是在描红的艺术实践中所形成的对看取世界特别是看取人生现实的认知方式和具体手法的借鉴。诸多因素的叠加,使得周同宾守望乡土时,尤其注重诗情画意的渲染,有时尽管是勉强的。同时在谋篇布局上基本沿着物—理—情的模式结构。有的篇什,从句式到句式语气都颇具杨朔风范,具有浓烈的杨朔味。因此,周同宾情歌散文文本的雷同化就不足为奇了。

挽歌:审美意识的深化及双重人格的交互

自80年代中期,周同宾守望乡土,走出了"乡村的诗,诗的乡村"的审美范式进入到情歌与挽歌混唱且以挽歌为主体的新的创作期。这实际是守望乡土的深化。挽歌更是情歌内涵的纵深拓展。这种深化是源自作家审美意识的嬗变。"散文的美,美于文,更美于质,如风行水上,自然成文。如幽谷佳人,天生丽质。不须俏扮,不经藻饰,不经装腔作势,不经搔首弄姿。"③这种认识实际上是周同宾对其早期承袭的杨朔模式的反叛,是他的散文要真实看取现实、人生的形象化言表。同时他也大胆质疑有关散文诗意、意境等经典理论。"把散文写成诗还要散文作甚?一味强调诗意极容易导致作者煞费苦心地挤出诗意,无

---

① 王尧:《乡关何处——二十世纪中国散文文化精神》,东方出版社,1996年。
② 周同宾:《唱给文学的恋歌》,文心出版社,1996年。
③ 周同宾:《亲近土地》,选自《唱给文学的恋歌》,文心出版社,1996年。

中生有地制造诗意,矫揉造作,无病呻吟,其结果不仅不能获得诗意,反而失去散文固有的美。"①散文观念的深化和对经典性的质疑构成了周同宾审美意识转化的动力。另一方面,作家人格构成中,除却乡村文化人格,还有知识分子人格,它赋予周同宾以超越情感的理性审视现实的能力,使他拉开与乡村的距离,保持平静的心态,更冷静地看取乡村。审美意识深化,双重人格综合交互,二者互相纠结、缠绕,势必产生情歌、挽歌的混唱,而情歌的吟唱少了一些所谓的诗意,真实性大为增强。并且随着乡村现代化进程的加快,乡村古老文明与现代文明的碰撞,新旧观念的交汇,周同宾挽歌的比重愈来愈大,成为他乡土散文创作的主体,情歌基本处于消隐状态。

  挽歌的主题话语之一是对昔日乡土田园牧歌式情调一去不复返的追悼与挽留。"故乡的月夜,再也没了静谧,再没了朦胧美,再没了令人销魂的诗情画意和我写顺了手的雅致的散文。"(《寻不出散文的月夜》)昔日乡村饭场热闹、乐融融、美滋滋的气氛终被今日的冷寂替代了,对比中,作家心中十分懊丧(《饭场纪事》)。我们不必非议作家的守旧心态,它不仅是作家强烈乡村情感在无奈现实面前的必然反应,是周同宾对美好往昔流逝的哀叹与追忆,更是作家心灵真实的裸呈。挽歌主题话语之二是周同宾对乡土子民心理行为上旧的残留物的展示及用现代意识洞视其滞后性。因此此类文本富有较为浓厚的文化意味,在不谐调的色彩中呈现出文化批判的色彩。这是知识分子人格面对骚动乡土强烈凸现的必然结果。大爷面对二爷日益红火的日子,莫名其妙地嫉妒(《界碑》)。疙瘩两口子勤劳致富,日子日益富足竟如"秤砣一般压在全村人的心口上",而疙瘩因车祸死去,"众人心上的秤花没了"。这一切典型地体现出周同宾对在自给自足的小农经济结构和生活方式中孕育而成的狭隘、自私、嫉妒、守旧等小农意识的展示与批判。在对精神瘤疾、病灶的文化追问中,周同宾还潜入乡风习俗中,去挖掘"软性"桎梏对乡民的束缚,从而批判其乡土子民身上的"劣根"性。这在《染坊》、《货郎担儿》、《掉牙》中都得以鲜明的体现。这种追问是更深层的文化批判,同时也标示着周同宾对乡村生活的谙熟程度。

  挽歌最动人心魄的是周同宾对乡民人生存在的关注。在这些散文文本中,周同宾基本放弃乡土散文写作对重大社会历史或政治命题的承诺,而是在对个体生命价值的拷问中,展现乡间个体生命的苦难处境及人由此走向非人的艰难生存状态。桂花姐不幸的婚姻;拐四奶奶30年忍辱负重修一条道路,至死为乡人漠视,"也没人说句感谢的话";套子爷弯了一辈子的腰。面对命运、生活的不公及苦难,他们无一自觉,总是逆来顺受,无言地承受生活的苦雨凄风,无怨无

---

① 周同宾:《唱给文学的恋歌》,文心出版社,1996年。

悔地走完短暂而漫长的崎岖人生路。就此而言,周同宾对乡村平平淡淡而又实实在在的苦难的吟唱,有着无可置疑的启蒙精神,挽歌积淀着周同宾一腔复杂而深沉的情愫,凄凉的音调中包蕴着作家的真情、挚情、深情。此一时期,也是周同宾散文创作风格渐趋成熟的一个转折期。他平淡平实的文风尽得体现。艺术表现手法多用白描。语言不事雕琢,更少修饰,句式多短句,体现出言简意丰、明白晓畅的语言风格。其中又潜隐着无限情思和真心真情。诚如贾平凹所言:"他的散文,不靠那些所谓的诗的语言伪装,在很盛行的洋化装潢中,他本色、本质、本分,文章就有憨憨之情、可爱之处。"①

无言之歌:情感的浓缩与隐匿

在周同宾的乡土散文创作中,《皇天后土》的问世标示着周同宾的乡土散文创作进入了一个更新的天地,成为他散文艺术世界中一件耀眼夺目的"精品"、"极品"。《皇天后土》不只是情歌、挽歌主题话语的再延伸和再放大,更是周同宾对土地、对农民满腔情愫的一次耀眼喷放。他既没有因血缘关系而仰视农民,也没有像那些或追逐新潮、或以猎奇谋取利益的所谓熟知农民的作家那样去俯视农民,而是用真情拥抱农民,用心灵贴近农民、感知农民。他以一腔挚爱走进"悠悠岁月",再现农民对人生和命运的思索,他步入"芸芸众生"之列去再现不同生活经历的农民的生存境况。尤其是他伫立"茫茫大地"再现农民和土地以及生存环境关系的篇什,更体载着"地之子"对大地、对农民的深沉思考。"再现"并不意味着创作主体情感的泯灭。恰恰相反,这正是周同宾情感积淀太深太重太厚,些许包蕴作家情感的价值判断与倾向,恐怕都载不动这奔突如地火般的深情厚谊,都传达不出作者心中的农村、心中的父老乡亲。周同宾对大地对农民的深情与这种艺术追求的双重运动,最终成就了这部斑斓驳杂苦酸中包蕴农民生存状态、跳荡农民心音的当代乡土散文创作的一部"大书"、"真书"。不仅如此,《皇天后土》超越了文学本身的意义,具有某种"史"的意味。99个农民,99个鲜活的生命实体,从每一个生命个体的一袭身世、一席话、一件事,甚或一番感慨、一通牢骚中,社会的风云际会,历史的兴衰演变,农业文明的精华和糟粕,转型期新与旧、现代与传统的交锋、冲突,以及由此而来的农民们的长处与短处,农民的悲剧与喜剧,农民的思想与情趣,农民的哲学与艺术,无不于农村生活的"原生态"中表现出来,给读者以极大的空间,引发令人深思的话题,实

---

① 周同宾:《葫芦引·序》,选自《葫芦引》,百花文艺出版社,1990年。

现了周同宾"很有必要为这个特殊时代留下较为准确的纪录,起码能为后人留下一份历史资料"①的创作目的,兑现了他"想全方位地不加雕琢地写出我所知道的农民和农村"②的承诺,《皇天后土》具有"农民志"的况味。如果把《皇天后土》仅仅拘囿于周同宾散文创作的言说,似乎有评论视野狭窄之嫌。其实《皇天后土》在当代散文的发展流变,尤其是散文文体的话语方式方面,具有不容忽视的意义。

自90年代以降,一些真正的散文家都在为因积习而造成的困境而寻找出路。比如"大散文"概念的提出等。周同宾也在积极地努力着,实践着。散文要发展,要新生,必须改变像教徒对待经典的那种心态。"再不要亦步亦趋,遵古炮制。当今散文家,应该有种叛逆精神,奋力挣脱前人创造或后人设置的种种束缚,自己把自己从千古不变的散文观念、散文格局、散文创作的ABC中解放出来,根据当代最新意识,根据自己独有的而不是沿袭前人的创造力,面对当今的现实生活,进行自己的观察、思考,用自己的叙述方式写出。"③正是这种批判继承的心态、叛逆精神及当代意识的合力作用,周同宾在《皇天后土》系列散文的艺术世界营构中,创造出了一种新的散文话语方式——口述实录体。在语言上,他继承了前一些时期语言质朴、平实、自然的语言风格,并加入一些新质。因为是农民本人的口述,所以,乡土气息、生活气息浓郁且极富泥土味,语言更具个性化色彩——地道的豫西南农民语言。

原载《南都学坛》1999年第1期

---

① 周同宾:《皇天后土·忘不了父老乡亲》,漓江出版社,1996年。
② 周同宾:《亲近土地》,选自《唱给文学的恋歌》,文心出版社,1996年。
③ 周同宾:《亲近土地》,选自《唱给文学的恋歌》,文心出版社,1996年。

倾听百姓话语
——周同宾和他的《皇天后土》

孙春旻

散文是一种以抒情言志为主的文体，一般而言，它的说话人就是作者自己。而散文家周同宾前年获首届鲁迅文学奖的散文集《皇天后土》却十分独特——作者并不出面抒情，而是把自己放到了受话人的地位上。在书中向读者讲述自己人生况味的，是99个普通的农民。这是一部口述实录文学，对散文而言，它是一种文体创新。

作为散文，这部书的体式很独特。每篇正文之前，都有一个短短的引言，是作者对口述者的介绍和描述。例如《土命》一篇，正文前的小引是："赵德富，男，七十一岁。一脸皱纹，细而密，丝丝缕缕，结成网状，犹如一篇难解的文字，仿佛记录着历史。在他的牛棚里，他边眯眼看着一老一小两头牛吃草，边向我诉说着身世。"然后是正文："我属鸡，生来就土里刨食儿。小时候，我妈叫瞎子给我算卦，说是土命，命根扎在马齿菜棵底下。我妈说，庄稼人土命好，本分，不会发，也不会没饭吃。七八岁好玩泥巴，十来岁会打坷垃，十二三岁就会犁地、锄地、赶车、割庄稼……"前后文一雅一俗，对照起来，很是有趣。

口述实录文学最早出现在美国。60年代中期，美国一些作家崇尚写实，拒绝虚构，在作品中努力保留生活的原汁原味。1970年，美国作家劳伦斯·桑德斯出版了《安德逊录音带》，这部根据原始录音整理成的著作受到了广泛的注意。1980年美国作家斯特兹·特克尔在录音访问300人的基础上，将100人的口述故事整理结集，书名是《美国寻梦》。这部作品出版后，成为畅销书，是口述实录文学具有世界影响的代表作。口述实录文学在80年代中期就已经在我国出现，最早是1985年初张辛欣、桑晔推出的《北京人》。但是，无论是中国还是外国的口述实录文学，一般都被认为是纪实小说，在散文领域采用口述实录方式的，周同宾还是第一个。

《皇天后土》1996年12月由漓江出版社出版，副标题是《99个农民说人生》，其中的作品在结集之前已陆续分组发表在多家文学期刊上。据作者介绍，采访中，为了不让农民紧张，以便说出真话，他没有使用录音机，而是在采访后，靠自己的记忆进行复原。写作的动机与方法，用作者自己的话说，是"让农民自说自话,说出原生态的农民自己",自己则"只做记录剪辑,不做塑造粉饰"。99个农民讲述自己生活的悲欢离合、酸甜苦辣,倾诉自己的苦恼与悲伤,抒发自己的理想与希望,这创意十分难得。更难得的是作者代农民立言的热情。我们每一个中华子孙,都是从土地中走出来的,但我们却在自觉不自觉之中,一步步疏远着土地。也正是在这一点上,周同宾表现出自己的超绝。他说:"我出身农家,饥寒困厄中长大,对农村和农民,有一种先天的情感。虽进城多年,却此情不变。"

《皇天后土》分为三辑,"悠悠岁月"重点表现农民生存的艰难,"茫茫大地"再现的是农民与土地的关联,"芸芸众生"则以农民对命运的抗争或屈从为主。作者注意采访对象的选择,99个农民有不同的生活道路、不同的理想追求,有不同的性格、不同的口吻,各个鲜活,呼之欲出。其中,有守寡熬儿的寡妇(《苦菜》中的屈巧儿),有"几十年不知肉香"的老农(《肉味》中的洪太保),有穷得娶不上媳妇的青年(《西风》中的张成群),他们共同讲述着"活着"的艰辛;有养鳖、种花致富的专业户(《圆鱼》中的吴柱子和《花事》中的恽保存),有一心为公的老模范(《党员》中的张玉兰),也有往鸡嗉子里填石子的贩子(《时运》中的靳春阳),他们在人生的道路上实践着不同的价值观;有一辈子爱土地如爱自己性命的传统农民(《土命》中的赵德富和《黑土》中的邵金聚),也有离开土地换一种活法的新型农民(《家业》中的杨广茂和《老鸹》中的那个不知名的女人),他们都很有信心地走在自己选择的道路上,苦也罢,累也罢,心中坦然。

特别可贵的是,作者实录写来的,"必是真心话,正确与否,准确与否,倒在其次",因此,书中不仅有代表着时代精神的话语,也有跟时代精神格格不入的声音。如《黄蛇》中的那个阎四,还恪守着越穷越光荣的思想,不思进取,却嫉妒族中已经致富了的邻居。还有《世道》中的那个耿世臣,怀念当年做贫农、斗地主、当干部的日子,对耿四保的发家致富满腹忌恨。作者对此只作记录,并无褒贬,是是非非,任由读者自己判断。还有一些篇章,在愚昧保守的背后,又透出正直善良,如《雷殛》中的熊士重和《说鬼》中的姚小六,都很迷信,坚信有鬼神存在,讲的都是身边发生的鬼鬼怪怪的事,但其中不乏惩恶扬善、扶正祛邪的愿望,读后倒不令人生厌。正如作者所言:"旧的与新的,传统的与现代的,在他们身上,既矛盾,又统一。他们是这个时期的标本和证明。"周同宾的愿望是"把形形色色的农民,一个一个写下来,为当代做个记录,为后世留下档案。"纵观整个文化史,文字中保留下来的百姓话语或曰"弱者之声"实在太少,以至于人们对"倾听与辨析历史人物真实的声音是否可能"也产生了怀疑。为后人留下一些我们这个时代的真实的声音,周同宾的这项工作实在非常必要。

最耐人寻味的是,在口述实录叙事中,作者拱手让出了讲述的权力,却又在捍卫着作者的地位。

虽然作者不再用自己的话语讲述,不再对人物和事件作判断、发议论,不再显示自己的倾向性,即使这样,作者的隐退也只是表面的。首先,总体构思的把握者仍然是作者。话题的确立、谈话的发动和制动、话语的走向等等,控制人还是作者。99种不同话语的集成者,也是作者。相对于作为素材的人物、事件和作为外在形式的语言来说,构思无疑属于更高层次,它始终制约、驾驭着上述因素。其次,作者放弃讲述权并不意味着放弃了选择权和删节权,作者并没有把采访对象所说的话都原封不动地搬进作品中,他只选择他需要的那些话,而把他认为不必要和不精彩的部分舍弃。经过删节后又重新组合起来的话语,毫无疑问地会向作者的价值观念和审美趣味靠拢。另外,作者对讲述人语言的局部性的润色,恐怕也是不可避免的。因此,我们决不能因为作者在表面上退出讲述就无视作者的作用。

如果一篇一篇地单独抽取出来,《皇天后土》中的多数都会显得过于单薄,"但一旦将它们纳入整体,组织起来,每个单篇就会超越原有的局限,从其整体获得生命,成为一个有机的具有自身功能的完整结构。"(袁基亮《关于"口述实录文学"的思考》,载《当代文坛》1985年第12期)显然,口述实录叙事的功能要靠各篇之间的互补来实现。"整体大于部分相加之和"这句名言用来概括《皇天后土》的结构特点很合适。

原载《写作》2000年第4期

读懂中国先要读懂农民
——《周同宾散文》印象

杨平治

读《周同宾散文》（四卷），首先使我感悟到：要读懂中国，必须首先读懂中国农民。周同宾先生以文学去读中国农民这部书，并且倾注了他一生的心血，这是我读后第一印象。

周同宾先生的《皇天后土》以九十九个现代农民的生活写实，向我们展示了南阳民风民俗。真可是说三百六十行里，都走进了周同宾先生的散文里。正如作家在第一卷的内容提要里所说，他们"对人生和命运的各种不同的思考和体验，不加雕饰地展现了社会转型期农村生活的原生的美"。这是九十九个农民自己述说的故事，作家只作收集和整理，读来亲切感人，使人可信。这是从农民自己的视角出发，发自内心的情感再现。

他们中有《党员》，张玉兰作为一名农村党员，为了带领乡亲们脱贫致富，自己拿出了几千元，免费为乡亲们办各种培训班三十二期，面授学员三百五十八人，函授学员二百三十二人。当六十七岁的张玉兰坐在作家面前，拿出一摞荣誉证书时，使人看到了农村党员在社会变革时期的精神风采。在散文《荒路》里，写了一个有胆量有酒量有个性的农村女青年冯强，真是人如其名，她名字像个男人，做起事来更像个男人。她不要城里的工作，硬是嫁到南阳一个贫穷人家，后来办了家百十号人的个体企业，当上了真正的老板。在散文《私奔》里，写了一对农村青年男女为了追求爱情和幸福，冲破双方家庭的阻挠而私奔的故事。

九十九个农民的故事，他们中有木匠，有艺人，有招婿进门的女婿，有老人，有小孩，有邻里矛盾，有婆媳之争上当受骗的，有蒙事坑人的，有打情骂俏的……在周同宾先生的笔下，他们都找到了自己的特殊位置。可以说《皇天后土》像是一幅幅中国农民的工笔画，那么深刻，那么亲切，而且用他们的特色语言讲出来，读完一个小故事，那么故事的主人就站立在了我们面前。

一组寄托情思的祭文，两篇朴质无华的《乡居日记》，总题为《远村风景》的纪实素描，写出了当代农民的嬉笑怒骂、悲欢离合、七情六欲。谁爱农民，农民就爱他；谁脱离农民，农民没有理由不摈弃他。

描写农民的作家也不少,农村题材的作品也多,但以这样全方面、大容量的散文为载体,描写一个地域农民,并以独特的崭新视角来审视农民、唤醒农民,表现他们的爱与恨、展现他们的真实生活的作家和作品,却不多。让农民自己走上前台,宣讲他们的追求和渴望,周同宾先生创作的散文,为此进行了新的尝试。事实已经证明,这个创新是成功的,对于读者来说,开阔了新的眼界,对于文学创作来说,打破千百年来的那种散文的"起承转合"的旧模式,走出了一条散文创作的新路子。第一,当前农民希望我们的作家去写他们,表现他们。第二,农村农民这个话题如果同时代的变革结合起来,他们就可能成为中国社会发展变化的主力军。因此,如果以文学的超前性去创作出中国新一代农民,我敢说,文学就可能真正走出困境,而文学本身也可能走在时代的前列。这种关注农民的文学、关注农村的文学,一定最具生命力。

作家要有生活的基地,才能写出具有真情实感的好作品。周同宾先生是农民的儿子,他的基地在南阳,在中华民族文化之源的中原大地,他热爱那片滚烫的热土。在他的《浮生踪迹》、《文心春秋》里,这颗滚烫的心仍然是向往着那一份真爱。一句话,包括他很多的文论、书信、日记都离不开南阳,离不开南阳的父老乡亲。

文学有两种:一种向前看,朝前走;一种向后看,朝后走。哪种文学最受人们喜爱呢?当然是向前看、朝前走的文学。这是我读了周同宾先生散文后的又一个印象。读他的农民作品,并没有停留在农民本身上面,而是从中看到了中国农村在改革开放中农民的精神和创造。尽管有不少篇幅是家长里短,甚至还有偷鸡摸狗的事,但农民在社会发展的转型时期潜在的力量已经显现出来。那就是劳动致富,要科学,学文化,需精神。在他的笔下,都是农民,而且是农村最底层的农民,他们一笑一怒、想什么、干什么、盼什么都活生生地跃然纸上,不只是同作家对话,而且也在同读者对话。

读周同宾先生的散文,实在是一种情感的交流与享受。哪怕是一篇只有千把字的文章,故事的主人也会把我们带进那鲜活的生活里去。这虽然缘于作家文字语言的力量,但真正吸引我们的是那中国社会变革时期的农民的追求与向往。

为什么说读懂中国,必先读懂中国农民呢?近十三亿人,九亿多是农民,国情使然。经济建设,以农村改革为先导,乡镇企业异军突起,村民自治选举如火如荼,政治经济亦如此。《诗经》三百篇,大半是咏唱种桑养蚕,抽丝纺线;阿Q是农民,祥林嫂是农民,柳青《创业史》写农民,周立波《暴风骤雨》写农民。反映改革开放之初的文学,如路遥先生的《平凡的世界》、周克芹先生的《许茂和他的女儿们》,这两部作品的艺术成就,近二十年了,很少有超过的,可惜两位作家都英年早逝。新时期文学的最成功之处,就是有很多反映农民农村变革的作品。给我印象最深的当数80年代初期矫健先生的《老霜的苦闷》,还有何士光先生的《种包谷的老人》等大量作品。随着城市经济改革的深入,反映农民的成功之作便越来越稀少了,而农民农村农业问题却是越来越突出了。而我们很多的作家、艺术家,本身也是农民的儿子,但他们的作品却远离了农民。他们不愿意同农民交朋友,即使有部分作家写了农民,也大多是张扬农民落后的,以愚昧的一面为卖点。

中国农民是当今社会的弱势群体,但他们确实也是我们社会发展的最强大的动力。谁读不懂他们,谁就不可能真正了解中国。因此,我真诚地感谢周同宾先生将农民作为他文学的主题。

民以食为天,农民不种粮食,哪来的以食为天呢?君以民为天,这个"民",在我们数千年传统农业为主要的文化里,也可能多指农民。就是改革开放进一步深化的今天,农村问题、农民问题也始终是我们社会发展的焦点。农村的发展,农民的富裕,文化的进步,是中国能否实现小康的关键。因此,我们的作家、我们的文学有责任、有义务为农民鼓与呼。

原载《中国图书评论》2000年第8期

对永恒的赞歌
——读周同宾的《天籁》

孙 荪

读过《庄子·齐物论》的,难忘头一节两位古人关于自然界的音响的对话。第一位说这音响有三种,叫作人籁、天籁、地籁。他生动地描述了大地发出的气即风的情景。另一位根据他的描述概括说这各种窍孔发出的风声也就是地籁,人籁则是竹箫所吹出的乐声。但仍然说不清天籁是什么,又向第一位请教。回答说:"所谓天籁,就是风吹万种窍孔发生了各种不同的声音,使这些声音之所以千差万别,乃是由于各个窍孔的自然状态所致,鼓动它们发声的还有谁呢?"

人们未必有兴致去扣求"三籁"的确切含义,只是习惯地把"天籁"看作发于自然之音响也就是了。

但天籁,能够用口描述出,并且行诸于笔墨吗?这似动实静又似静实动、似有形却又无形、似无声却又有声的天然东西,实在难以摹写。没有一颗善于感受微妙物事的细心,没有一支能够描摹纤尘毫厘的妙笔,是不敢搬这种题材的。

周同宾在破这个难题了,这文章的题目就叫《天籁》。

大凡写静,先以动来对比烘托。这是作文常法。《天籁》开始写闹市嚷嚷,写俗事塞心,接着去南山找清净,顺理成章。到了山间林中,捕捉天籁,就是写静了。但诸种物事又都是写声、写动,却在总体上,特别是从感觉上显得极幽极静。为写静而写动,写了动却得了静,这是《天籁》的妙处。

试细细体味走进林中一段,几乎是由激动到入静的过程,由官能感觉(主要是视觉和听觉)到心灵感觉的过程。这一段中有"我闭上眼"四个字,可作为分界。上半是有声有色的山水画:身边飞、耳畔叫的蜜蜂、蝶,嘎岩上的飞泉,豆绿色的小溪,黛青色的潭,露着黑色脊梁的游鱼,草木青气,松荫怪石。然后,他陶醉了,闭上了眼,凭着他的第六感觉,出现了一系列"慢镜头",声音被"放大",形象被"显微",大自然奏出了梦幻般的轻音乐。

但闻泠泠的水声,细细的风声,和间或一两声雀儿的轻悠悠的啼唝。还有一些声音,琐琐的,纤纤的,是蝴蝶飞过的翅翼声?是小甲虫在树枝上爬行时的足音?是枝叶落花掉地时的颤动?这些声响,融合在一起,时断时续,似有若无。

嘈杂使人想到了自己,寂静中却想到了宇宙,忘掉了自己。忘己才有境界。作者感受到了天籁,同时发现了永恒。"哦,这是天籁,恐怕自远古的洪荒时代,自人类的童年,都是这样吧?"同时,作者自己就化入了永恒:"这些声音,像一个细眼儿的筛子,筛掉了尘嚣嘈杂,剩下的只有寂静……好像我自己化为一棵树、一块石,和着山林成了一体。"

散文难得的是境界。《天籁》进入了境界。作者"呆"了,呆坐在山石上,忘了时间空间。文章接下去续写作者对天籁的痴迷:月夜,他漫步山林,潺潺的水声,簌簌的风声,吱吱的虫鸣,揉在一起渲染了寂静和清幽;中宵醒来,又听到像轻拂面颊的温馨的风一样的天籁。这是一种余音绕梁的写法,也是一唱三叹的笔墨。

《天籁》的进入境界还有重要的一层,即看林子的寿生大伯的人生意识和作者对自然界的永恒的参悟的交融。文章插进了寿生大伯,使得写景的血肉纳入了情节的框架之中,给作者对自然和人生的领悟有了依托的实体。寿生大伯入了老境,不享天伦之乐,却不嫌孤寂,要在死前为大伙儿务弄好一山林木,这实在是把有限的人生化入无限的永恒的一种明智的追求途径。或如老子所言"归根曰静"和"知常曰明"。因为,青山永不老,绿水将长流,即使斗转星移,千百年后,青山流水也会借风声水声告诉后人,曾有一个诚心的老头儿把自己的心血点点滴滴在山间林中。于是,在林间中宵醒来时,作者听到了天籁,也"听到了寿生大伯那均匀的呼吸声,不疾不徐地,似乎和大自然的声响有机地交织在一起了,那么和谐,那么融洽"。天籁是自然,是永恒,寿生大伯也是天籁。这样,文章就把景和理、自然和人生的描述融合在了一起,这是对自然美的发现与歌颂,把自然人格化了,把人格美化入自然中了。把对两种永恒的歌颂融在了一起,增加了感性的厚度与理性的强度。当然,如果没有寿生大伯的因素,直写我在林间山中对天籁的感受领悟,也会是一篇纯粹的美文,也可避免对好人好事的直白式赞美,但要写得好也许需要更强的笔力。

自然界是自然的,也是微妙的,好的散文也是自然的、微妙的,文学与非文学是相通的。用自然微妙之笔墨写出自然的流韵天成,就是值得称道的艺术创造。让这样的创造多一些吧。

原载《名作欣赏》2000年第1期

乡土的执著与超越
——论南阳作家群的散文创作

陈继会　徐亚东

"南阳作家群"于20世纪90年代的中国文坛而言,如一道较为亮丽的风景,那么,它凭借的是众多的作家操持各样各式的文学武器,守持人文精神,坚守自己的阵地而营造出来的。因此,色彩的绚丽缤纷便成为这道风景的标识物。在缤纷色彩中,散文当属其中一个较为惹目的亮点。

在南阳的文学星空中,小说与散文可谓是"双子星座"。除却小说,仅散文创作而言,既有专业散文作家如周同宾、廖华歌,也有客串散文创作的小说家如周大新、周熠等,当然还有一大批各行各业的业余作者如朱景涛、汪漫、张克峰、杨锋、窦跃生、张淑萍、王桂芳等。然而真正支撑起南阳散文艺术天地的是前两者,尤其是那些矢志不渝、痴情不改,甚或是固执地以散文体式去看取社会、人生底蕴的散文作家,正是他们把南阳作家群的散文创作提升到一个高度。我们爬梳、总结"宛军"散文创作,所依据的正是这两类作家提供的散文"文本"。换言之,阐释、解读正是建立在这些"文本"之上,因为它们真正体载着南阳散文创作的全貌或特质。

一、醒目的标记——地域色彩

对于在南阳这块土地上出生的这个创作群落,如若认为它仅仅是一个个创作主体在数量上的叠加,那无疑是对这个"群落"的误读。尽管这个崛起群落整体的风格最终还没有形成,还没有达到流派的水准(诸如山药蛋派、荷花淀派),然而这个创作群在生长、发育、崛起过程中,所共有的一些特色业已萌芽,且正在茁壮成长,有的已成为较为明显的标识物。就散文创作而言,在众多的创作"个案"和提供给我们的诸多散文"文本"中,弥散着浓烈的泥土味,呈现出鲜明的地域文化色彩。无论是专业的散文家或"客串"散文创作的小说家不约而同地把审美视角聚焦在养育自己的乡土、乡场上,把自己的一腔热情、挚情、深情倾洒在脚下的黄土地上,把根深植于故乡的泥土中。尽管他们或先或后都离开了乡村土地,蛰居市井,但笔端流淌的依然是关注乡土的涓涓细流。周同宾于20世纪60年代初踏散文创作之路,吟乡土唱乡土,几十年如一日,立足乡土,守护乡土,本色不变,屡有收获。终由《皇天后土——99个农民说人生》荣获首届鲁迅文学奖。廖华歌从南阳盆地西北缘的八百里伏牛山里唱着故地的歌,唱着大山的歌,款款走出,在当代散文创作的园林中,发出了自己的声音。周熠尽管先期务弄乡土小说,但最终还是把自己定位在乡土散文的创作上,在故乡刁河岸边描绘那"遥远的风景"。似乎其乡土散文的创作比乡土小说的创作无论在思想上还是在艺术上更是"青出于蓝而胜于蓝",文学才情找到了更为恰切的喷放及喷射方式。在他们给我们提供的散文文本中,在他们构筑起的散文艺术大厦中,他们所歌咏的山石、水草、花木等自然景物,所描摹的小庙、小桥、名胜古迹等人文景观,无一不浸润着南阳盆地的韵味,带有南阳盆地的印痕。正像阿Q的破毡帽、咸亨酒店等什物标识着浙江的风土味一样,他们笔下的故乡景物成了地域性色彩的一个最直观的标识。文学的地域色彩在更大程度上是地域风土文化的特定指认,一方水土养一方人,一方水土也影响一方人的精神文化面貌。贾平凹曾言:"不同的地理环境制约着各自的民情民俗,民俗民情的不同则保持了各地的文学的差异,我在商州每到一地,一是翻县志,二是看戏曲演出,三是收集民间的歌谣和传说故事,四是寻吃当地小吃,五是找机会参加一些红白喜事经历,这一切都渗透着当地的文化啊!在一部作品里描绘这一切,并不是一种装饰、一种人为的附加、一种卖弄,它应是直接表现主题的,是渗透、流动于一切事件、一切人物之中的。"①对南阳的散文作家而言,他们也许没有贾平凹这样富有理性穿透力的对民情民俗的恰切体认,但这并不妨碍民风民俗走进他们的散文文本。他们以作家的艺术直感及敏锐的观察捕捉到了这些盆地的民风民情,从而使他们的散文创作更加具备特定的"乡土"特色。周同宾的散文不乏故乡风情民俗的描摹,在对故乡风俗画的描绘中,不仅透射出他的主观情思,而且也使读者加深对这方水土的人情世态,甚或是中国农民品性的认识与理解,平添了作品的文化意蕴。一年一度的龙王庙庙会,无疑是他故乡热土上一幅艳丽的风俗画。他把时代的交替变更融进这幅画中,在庙会的兴衰枯荣中展现时代的风云际会(《龙王庙庙会记》)。在《高台曲、旱船、高跷》中,他不仅细致描摹了盆地乡场上一年一度农闲时最常见的民间娱乐形式(当然也是最常见、最重要的民俗形式),增强了作品的地域文化色彩,而且也于其中挖掘出深厚的文化意蕴。"高台曲"一章,"戏子是下九流,唱风流旦更是有辱清名,死后不得入老坟"的习俗,体载了盆地人的正统文化观念,然而,它却戏剧性地成全

---

① 贾平凹:《坐佛》,太白文艺出版社,1994年。

了阮五儿。对于看戏,作者写道:"当家的要买桑杈、簸箕,小媳妇要看景致,孩子们则想得到一串糖葫芦儿或一把响棒槌儿,姑娘小伙子们穿了入时的衣裳,充分显示自己的风姿和派头,东走走,西串串,让人看呢……由同伴帮助,悄悄儿找到他或她羞赧而急切地瞅上几眼。如果中意,心中就如猫舔着一样好受,不中意的眉头立即蹙起了疙瘩,回家后忘不了向爹娘怄气。更有少男少女公开在光天化日之下,或灯火阑珊处,眉来眼去,秋波传情,在耳边咕哝几句,躲过众人的眼睛,双双钻入柳林中、麻地里,倾诉衷肠去了。"在这不动声色的大白话里,既充溢着乡间热腾腾的生活气息,又夹带着一股浓郁的浪漫情调,并且使读者看到盆地青年男女传达爱情、互诉衷肠的特有方式,从中体悟到盆地特有的民俗风情。在"旱船、高跷"二章中,作者更是进一步渲染了民风或乡土情。周熠则不同于周同宾,他的作品重在描绘故乡的民风民俗对乡土子民的束缚甚或造成的灾难。在《神桑》、《故乡的小庙》中,周熠以乡土子民对神的敬畏的民俗仪式中所显现的震颤与无知,烛照出了乡土精神贫瘠的历史与现实。尤其是《遥远的风景》这个可称得上周熠乡土散文代表作的篇什里,周熠在对三个浮厝的客观冷静叙说中,尽现了在封建宗法制社会的土壤上孕育、生长的财富继承制度和婚姻习俗对人性的扼杀及由此造成的悲剧性灾难。廖华歌在乡土散文的创作中,也较为注意地域文化意蕴的捕捉,她往往运用神话传说来加重作品的艺术含量。在《无名小花》中,她通过一个说话脆蹦蹦的姑娘之口讲述了漆树和蜜蜂的神话故事,不仅增加了作品的地域文化意蕴,同时也丰富了割漆姑娘的形象内涵。浓郁的地域文化色彩因此而成为南阳作家群散文创作的一个醒目的标记。

二、主题话语的趋同性——乡土恋歌

南阳的散文创作除却具有较为鲜明的地域文化色彩,在众多的散文作家文本中,不约而同地蕴含着"乡土恋歌"的主题话语。在他们或回望乡土,或走入乡土,或守望乡土时,往往是一往情深地抒唱故乡游子对故土的思念眷恋。同时,也以理性的光芒去烛照审视生于斯、长于斯的乡土大地,感伤挽歌由此袅袅升起,与情歌一道构成了"乡土恋歌"的大合唱。无论情歌或是挽歌无一不是诸多"故乡痴儿"心底流淌的歌。

"南阳作家群"的作家大都出身于农村,与农民、与乡土有着天然的血缘关联。散文作家们也无一例外,在他们成为作家以前,几乎都在盆地的乡村度过了人生最为重要的时期——青少年时期。根据皮亚杰的发生认识论原理,一个人少儿时期积淀的认识基础,会形成一种心理定式,这种定式对他终生的经验都起着不可摆脱的"同化"或"顺化"作用。英国作家毛姆也曾言:"了解人不是一件容易的事——因为人不论男男女女,都不仅仅是他们自身,他们也是自己出生的乡土、学步的农场或城市的公寓、儿时玩的游戏、私下听来的山海经、吃的饭食、上的学校、关心的运动、吟哦的诗章和信仰的上帝,这一切东西把他们造成现在这个样子。"①在这里毛姆实际强调的是文化环境与人的关系。故此,我们言及散文作家的出身,当然不是一种身份的指认,在这种身份的背后,最本质的是他们所拥有的"乡村文化摇篮"与他们人格及创作的关系。在乡村文化摇篮中,他们作为一个受动体在不知不觉中承受着盆地文化的浸润。南阳盆地由于地理环境的因素(三面环山),使它的文化生态环境相对处于一种闭塞、缺乏交流、较为封闭的系统中。因此农业文明所孕育的诸多文化内涵较为完整地保存着并且恒久地影响着盆地中生活的一代代子民。诚如周同宾所言:"故乡的泥土,给我衣食,也给我思想情感、哲学、艺术。"②不仅如此,这种文化的浸渍,甚或潜移默化地积淀为深层的心理结构或内化成他们的一种人格构成。故乡是伫立在他们心灵深处一抹永不褪色的风景,故乡是他们心灵深处永远珍藏的一壶老酒,故乡在他们的心灵深处是浓得化不开的"情结"。

然后,他们或先或后地带着故土的馈赠,带着故土烙在他们心灵深处的烙印,离开了故土,融入了城市——一个迥异于乡村文化的陌生存在。这样,他们与故乡在时间和空间上都处于一种隔绝的状态。尽管他们有的也时不时地回到故乡,但这已不是他们原初的那种生活其上的长相守,他们终究还是回到城市。这种背井离乡,必然会产生思乡怀乡的浓烈情绪,甚或随着时间的伸长而郁结为"恋乡情结"。周同宾在《乡土之恋》中曾言:"这些年,虽然离开故土,山隔水阻,可我心依然系在那里,寤寐思服,一掂起笔,故乡的人、事、情、景,便历历宛在目前,故乡浓郁的泥土味,便缭绕在我的身边,醺醺地飘拂……使我陶陶然沉醉。"③这可视为南阳散文作家恋乡思乡的最真实、生动的写照。廖华歌"一踏上故乡的山路,我仿佛扑进了母亲的怀抱,一种积蓄已久的爱意,便立即在胸中升腾起来"④。游子思恋家乡的急切心态跃然纸上。另一方面,他们虽身处城市的文化环境中,但是"乡村文化摇篮"所赋予他们的价值取向、行为准则、道德规范,甚至是思维方式,又使他们难以真正地融入城市内部,与其融洽相处。尽管他们不像20世纪二三十年代的乡土作家与城市是处于一种明显的冲突中,

---

① 朱向前:《红黄绿》,解放军文艺出版社,1989年。
② 周同宾:《唱给文学的恋歌》,文心出版社,1996年。
③ 周同宾:《唱给文学的恋歌》,文心出版社,1996年。
④ 廖华歌:《华歌集》,百花文艺出版社,1991年。

但是文化意义上的抵牾是不言而喻的。冲突、抵牾是一种潜在的状态。虽然我们很难觅得他们像二三十年代乡土作家仇视、诅咒城市的篇章,但我们也很难觅得他们礼赞城市及城市文明的篇什,而能觅见的是在城市与乡村的对比中,皈依乡村、向往乡村的心理感受。"走在城市的水泥大道上,总没有在乡间小路上那么舒服,那么心平气和,那么富有亲切感和安全感,那么具有一种温馨的飞鸟入林、游鱼归渊的快乐。城市似乎是羁笼,总没有故乡那么自由欢畅。"①这种与城市的"隔",使他们始终行走在城市的边缘,在生长着水泥钢筋森林的城市土地上,他们很难扎下乡村的"根"。这一切从反向加深了原本存在于心灵深处的"恋乡情结",恰如植物助长剂,使其疯长成一片片浓郁的乡恋、乡思之林。周同宾不止一次直言不讳地言明"我是农家子","我是农民的儿子"。廖华歌也曾坦言"我是大山的女儿"。这恐怕不仅仅是一种血缘意义上根的认同,这还是他们身处城市却时常处于城乡二元对立冲突中的焦虑心态的表征,如同沈从文先生用"我是乡下人"的表白来抵御城市的凄风苦雨,作为精神的庇护所。但仅此话语的言说还较为空泛,缺少踏实感,还无力承担精神重负。走进乡土,守望乡土,寻找精神家园,因此便成为南阳散文家们的集体行动和策略。周同宾走向他的故土小村;廖华歌走向莽莽伏牛山;周熠则缓步于刁河两岸,浅吟低唱;周大新于柳林镇的虚构中,觅寻那久违的童年的歌谣。在故乡的怀抱,他们无不用真情、挚情倾诉衷肠,吟唱曲曲乡土恋歌。

南阳散文作家的乡土恋歌大致是由情歌和挽歌两种内涵构成。然而由于南阳散文作家各自的个性气质和各自的人生经历、阅历、艺术修养的不同,致使乡土散文创作内涵的侧重点有所不同。

在众多的散文作家中,周同宾的乡土散文创作最具特色,它不仅有情歌的热唱,而且也有挽歌的低诉,整个创作经历了由情歌到挽歌的流变,或者说情歌与挽歌构成了周同宾散文创作的内质。在周同宾的乡土散文文本中,一方面他以游子般的挚情,歌咏养育自己的大地。故乡的山山水水、花鸟草虫,无不涌入他的笔端,体载着他对故乡的无限情思。在对故乡自然景物如痴如醉的描摹中,弥散着浓郁的田园牧歌情调及氛围,传输他对故乡的无限依恋。另一方面,他走进盆地子民的行列中,去观察、体悟,为故土子民画像、立传,在平凡而又平凡的普通人身上,挖掘捕捉中国农民身上的传统美德,加以颂扬。这两方面构成了他情歌的重要内涵。周同宾情歌的吟唱除却南阳散文作家共有的"恋乡情结"这一内在的心理驱动力外,还有其他两个原因:其一,时代因素。"文变染乎世情,兴废系乎时序。"一个作者无论如何是不可能逾越时代的,或者说时代话

---

① 周同宾:《唱给文学的恋歌》,文心出版社,1996年。

语或多或少总是影响着作家。周同宾于20世纪60年代开始散文创作,然而十年动乱被迫搁笔,直到粉碎"四人帮",中国历史进入了一个新时期,他又重新拿起了笔。面对着一个崭新的历史时期,面对从噩梦中苏醒焕发出勃勃生机的新农村,心灵和思想已无羁绊的周同宾怎能压抑自己郁积已久的一腔情愫,舒展歌喉,歌颂光明,歌颂新农村,描写新气象,这是历史的必然。其二,艺术上的继承。周同宾在他有关散文的创作谈中,也不止一次提到杨朔对他的影响。在中国当代散文发展史上,杨朔创立的散文抒情方式及艺术上的一些表现手法,为主流意识形态所认同并成为散文创作的圭臬,影响了一代散文作家。这种影响不仅是一种艺术形式上的学习模仿,恐怕深层的是一种艺术精神的熏染,一种看取社会、人生的方式的影响。在较为相近或相似的时代背景上,这种影响力是可想而知的。在周同宾的情歌散文文本中,杨朔的影响是显而易见的。正是这内在的与外在的诸种合力作用,形成了周同宾前期散文创作的情歌吟唱期。

在周同宾守望乡土,走过乡土深处,尽展"地之子"情怀的同时,商品的大潮惊涛拍岸,席卷神州的每一寸土地、每一个角落。盆地故土在中国社会急剧的转型期上也失去了往昔的从容、宁静。乡场的喧哗、骚动中,农业文明所孕育出的行为准则、价值观等,或者说农业文明的荣光,遭到前所未有的挑战。这势必引起在乡村文化摇篮中成长、深受乡村文化滋养、具有乡村文化人格的周同宾心灵的震颤,为农业文明的一些优良品性的消亡而哀叹,甚或追悼成为周同宾挽歌低诉的一个重要内容。在他《寻不出散文的月夜》、《饭场记事》等文本中,我们可以窥视到这种哀唱低诉。

然而,承受现代文明雨露、具有知识分子人格的周同宾,在现代化语境中,对传统农业文明的负面因子也保持着高度警惕。他以知识分子的理性,穿透乡村现实,以现代意识对乡土子民文化心理的触摸与审视,于时代变迁中、现代文明的映衬中,察视其滞后性,烛照出与现代文明相悖的负面因子,在不和谐中呈现出批判意蕴。这在他的《界碑》、《疙瘩》中有着鲜明的表现,构成了其挽歌的主题话语之一。同时,对盆地子民生存的关注,对乡间个体生命价值遭到抑损,个性因之泯灭,人由此走向非人的苦难生存状态的揭示与追问,是其挽歌中最夺人心魄的吟唱。《货郎担儿》、《祭套子爷文》等最鲜明地体现出他的这一特点,在这略显凄凉、悲切的音调中,透射出周同宾的情真情挚。挽歌是情歌的另一种表达。此可谓"情到深处言自悲",情歌与挽歌的吟唱,也成为作家文化感与历史理性矛盾的表征。

廖华歌,绵延八百里伏牛山哺育出的优秀女儿,伏牛山地升腾的艺术精灵,其乡土散文创作更侧重于给予她丰厚馈赠的山乡的礼赞。她一方面把对故乡的满腔痴情化作对故乡山水等自然景物的咏赞,或者说在对故乡浓妆淡抹描绘中,倾诉她"大山的女儿"的一腔情愫。《山》可谓此类文章的典范。她用铺陈的手法淋漓尽致地描绘故乡北方大山的品格气韵。在对大山倾心的礼赞中,廖华歌抒发了大山对自己的哺育之情。"我是在山的怀抱里降生,在山的怀抱里长大,山像我严肃而慈爱的父亲,给了我生命,给了我力量,给了我坚毅的性格和不屈的信念。""我属于大山!"大山实际上已逾出了她的本意,象征故乡,喻指故乡的父老乡亲。不仅如此,大山已成为廖华歌生命构成的一部分。"如今,在我远离故乡,远离你的时候,你依然屹立在我心灵的原野,你依然如远航的船停泊在我心灵的港湾,我依然能听到你一声声父亲般的呼唤。"廖华歌借助故乡大山的意象,完成了她的精神还乡,袒露她游子的恋乡情。故乡无生命的山水尚且能令廖华歌咏叹不已,那么故乡朴实、敦厚的父老乡亲更是令她难以忘怀。因此描写山乡人的美好心灵与情操及山乡人与人之间那种深厚挚纯的关系便成为她礼赞故乡的另一极表达。在廖华歌的散文文本中,普通而美好的心灵比比皆是。农家伯伯乐观、爽朗、甘为人梯(《柿子熟了》),肖老师无私奉献"蜡炬成灰泪始干"(《迎春花》),瑞姐像小油灯"照亮别人,熬干了自己"(《青青白桦树》),春风店里农家小店主的慷慨、热情、上进(《绿色的风》),这些普通而平凡的农民如山乡的迎春花、桃花装点出一个山乡诗意的世界。同时,廖华歌还在时代的变迁中去捕捉雕铸这平凡而美好的精神世界。春兰(《山间小路》)、梅春儿(《梅春儿》)、竹青青(《大山里来的小女子》)等已脱去了旧式农民的窠臼,摆脱了愚昧贫穷,显示出新一代农民的精神风貌:富有知识,眼光远大,勇于开拓进取。她们是故乡的新生力量,是故乡的希望,是故乡的未来。正因她们的存在,故乡亮丽了许多;正因为她们的存在,廖华歌的乡土散文才富有时代气息和现实感。

廖华歌的乡土散文,无论是抒写故乡之恋,还是故乡之变,无不呈现出一种审美化的倾向,或者说,她总是以一种"美"的心情,理想化地抒发自己的故乡恋情。山乡现实存在的不足或农业文明先天不足与后天的缺陷,乡间的诸种不称意的事物统统消隐不见了,成为她散文文本的"不在场"。过去时态的乡居生活、现实乡村的生活相在作者的笔下,都披上了诗意盛装。这种诗意化但又远离虚情、矫情,是作者心中潜隐的"恋乡情结"所编织的大网对昔日或现实生活的过滤,留下美丽和纯粹的显现。此外,这种诗意化的倾向,还是作者女性身份和生活阅历、经历共同参与的结果。与男性作家相比,女性作家的审美倾向、审美理想往往呈现出单纯、明净的色彩,追求美好的倾向。另一方面,当廖华歌带着一颗伏牛山地浓郁乡情淳朴民风浸渍熏陶、雕铸的心灵走向城市、走向现代文明时,二者的差异性、不协调性造成心灵震颤对她女性的纤细敏感心灵的波及、影响,比男性作家要强烈得多,因此寻求精神抚慰的愿望也随之增强。温馨的诗意的乡间,成为她早期散文文本的叙写点,便不足为怪了。当然,在差异性、不协调性的冲突中,困惑、思索也是不可避免的,这导致了廖华歌向更广阔的领域思索、迈进。这是下一个部分要讨论的话题。

周熠,这位从小说诗歌园地移步散文领域,最终把自己定位于散文创作并取得优异成绩的三栖作家,他的散文创作更多散发着"挽歌"的悠韵。他借助童年视角,迈进故乡过去时态的生存时空,拣寻昔日生活的碎片,连缀、装贴成一抹"遥远的风景"。这风景也包蕴着周熠对乡土生活的一种理性穿透与审视。童年视角的叙述对周熠而言,是一种叙述策略。在童心天真、纯洁明净与乡土生活的驳杂构成的深层对比中,乡土生活中积淀已久的"软性"桎梏对乡土子民心灵行动的戕害与束缚被凸现出来。这种叙述策略可谓颇费匠心。周熠的《遥远的风景》、《神桑》、《故乡小庙》等篇什可谓是典型的这种"策略"文本。在少年的"我"的视域里,既有年少的我对三个"厝"的恐惧及其背后的悲剧性故事展示,也有乡民对神桑的敬畏,更有故乡小庙中女性们令现代人难以理解的行为。在一幅幅挟带浓郁民风、民情的风俗画中,在乡民生存、生活相的展示中,乡场上传统习惯、乡间超越理性的法规、被奉为行为准绳,体现出强烈道德色彩的陈规陋习,它们不近人情,甚至压抑、窒息人性,杀人不见血的品性被一览无余地裸呈在读者面前。它们不仅扭曲乡土子民的心灵,有的甚至毁灭了生命个体。"挽歌"的韵味也随之从中流淌了出来。至此,周熠已走上了文化批判的道路,难怪有人把周熠的此类散文称之为"文化散文"。在这种乡村历史的追忆中,一个现代人叩问历史反思农业文明的历史意识,当代意义是不言而喻的。这大概是周熠此类文本较为惹人注目的原因所在。当然,周熠的"挽歌"意绪缺少周同宾"挽歌"两极中的一极,即对现代化进程中农业文明一些优良品性丧失的追悼。这大概是周熠的年龄,或者对现代文明态度上的差异所致。

在南阳散文创作队伍中,关诸乡土的情歌或挽歌的主题话语,在上文提到的业余作者身上或多或少地也存在、延续着,它丰富了乡土恋歌的意韵,拓展了乡土恋歌的音域,在此我们就不再一一论述了。

三、超越——探索性的指认

散文创作,仅新时期以降,与其他文体如小说、诗歌等相比较,其艺术创新相对而言则比较迟缓。它吸收其他文体的有益成分,孕育培植新质,没有诗歌那么快捷,没有小说那么全面丰富,致使散文创作不像小说、诗歌那样挺立潮头,成为文学的亮点或热点。他像一农家女子,布衣荆钗,不显山、不露水地生存着。以致文坛上钟情于散文的人士发出忧心忡忡的喟叹,散文创作出现了窘境。这或许缘于散文传统艺术的积淀太厚,传统艺术的惯性强劲,特别是一些"金科玉律"式的艺术规范的制约。丰厚的传统可以为创新提供坚实的基础或参照,同时它是否也意味着过多的障碍或前行路上的负累呢?尽管20世纪90年代,报纸副刊风行散文小品、随笔,大师们的小品文、美文、语录以精美漂亮的装帧出现于街头书摊、书店,绚丽成一道亮丽的风景,似乎一个期待已久的散文时代真的姗然降临。然而表面的浮华实在难以隐匿经济杠杆撬动下商业动机的嘴脸和迎合大众文化消费的媚态,这一切至多是一道缺乏营养的文化快餐而已。虽然真切关怀惦念散文命运的文坛中人也提出"大散文"、"美文"的散文概念,虽然以余秋雨、张中行先生为代表的学者们创作出具有大气象,充溢着历史意识、当代情怀的"文化"散文,但是真正能洗去浮躁功利心态,持守文人情操,忍耐寂寞,为散文艺术创新、发展,开拓新境界者有几许人?一两个亮点终究难以照亮整个散文创作不尽如人意的阴影。这当是20世纪90年代散文创作的一种写真,这也是我们论及南阳散文创作的一个背景。在这个背景下,我们便获得了进一步评说南阳散文创作的一个参照。

在20世纪90年代,在社会由政治型向经济商业型转轨的当代文化语境下,南阳的散文作家基本上守持住文人情怀,与商业动机保持着清醒的距离,蛰居市井,枯坐青灯,以平常心迎对纷繁的尘世,执著于散文艺术体式(周同宾最有代表性、最具说服力),这为散文艺术的创新、超越提供了一个充分的条件和有力的保证。文章自古寂寞事,熊掌与鱼兼得的心态,怎么能抵达超拔高蹈的艺术境界。诚如前面所言,他们起步于乡土,以乡土、地域特色而成名,传输故乡痴儿的一腔情愫。然而他们并没有满足眼前既有的成就,而是摆脱世俗的羁绊奋然前行,以颇具"知其不可为而为之"的带有悲壮色彩的情怀,在一个精神贫血的时代为贫血的散文注入营养。在这个队伍中,周同宾、廖华歌无疑是他们中最具代表性的人物。他们的创作也体现出南阳散文创作的超越——探索性特征。他们的探索标示出两条不同的道路,为后继者提供了有益的借鉴。

周同宾的道路是立足乡土题材,然而在透视开掘上超越了前期散文,在散文艺术诸方面出现新质。他荣获首届鲁迅文学奖的散文集《皇天后土——99个农民说人生》便是他此种艺术超越的表征。"我是把这个系列当散文写的,虽然发表时有些刊物把它放在小说、报告文学、纪实文学栏目中。"[①]之所以出现这种远离作者本意的现象,盖因为它的文体出现了新质,这也足以证明他散文艺术的嬗变。周同宾早期散文吟唱的是乡土情歌或挽歌。仅就题旨而言,《皇天后土》仍然是情歌或挽歌主题意蕴的延续或再放大。然却在艺术表现上它摈弃了

[①] 周同宾:《皇天后土》,漓江出版社,1996年。

早期受杨朔模式的熏染,而注重诗意意境的营造,语言上虽然清新、质朴,但略有有意为之的雕琢印痕。在《皇天后土》的篇什里,周同宾把他的艺术追求推向了极致,即追求真实。"真是艺术的根基。假话满篇,哪来艺术?""我力求能写出它(农村)的斑斓、驳杂的美,光怪陆离的美,粗野鄙俗的美,苦甜酸辣香臭腥臊八味俱陈的美,一句话,写出生活的原美。"①为了实现此种艺术追求,抵达这种艺术目标,周同宾在《皇天后土》中,采用了"口述实录体",即"让农民自己说话,自己说自己的兴衰际遇、所喜所忧、所愿所憾,自己说自己的一件事、一番感慨,或一通牢骚"。这样,在原汁原味、原生态的农村生活记述中,农民的人生、命运,农民与土地及生存环境的联系,农民生存的诸种努力都自然地流淌出来,呈献给读者一个真实的农村,而不是文人加工的农村。不仅如此,这种"口述实录体"——记述农民自己的话,语言是地道的豫西南农民方言,并且有大量的习语、俚语,所以语言更具泥土气息、乡土风味。这样,语言更纯朴、率真,与其"真实、真诚、真切"的艺术追求相吻合。

廖华歌的超越不同于周同宾,她所走的是另一条道路。她离开乡土,转向自我观照、自我指涉的抒写,向更内在的"自我"、"内宇宙"进发,因而,她的散文更具女性意识色彩,并且女性意识色彩呈现愈来愈浓烈的趋向。女性作为人类永远不可缺失的一半,她们与男性一起共同承担人类再生产的责任,然而在男权(父权)文化阴影中,她们只能默默地承担着痛苦、屈辱。女性不仅在社会、政治、经济上处于一种失言的地位,仅就文学而言,漫长的中国文学发展史背后,隐匿着中国女性千年苦难、千年沉睡的实事(史实)。在男性话语霸权中,她们任凭男人们把她们勾画成远离她们自己的自己。然而当历史迟缓的脚步行进到 20 世纪初,在"人的发现和觉醒"的盛大节日里,女性自己精神生命的红日才从地平线上冉冉升起。中国女性们有史以来第一次和男性作家站在同一思想的地平线上,用自己的笔奋力呐喊,尽情倾诉,写出自己的声音。然而强大的男性话语的涛声,使这些声音听上去还很微弱。女性主体意识还没有完全彻底地离开男权文化的轨道,女性作家的创作在主题及话语方式上,与男性作家还没有真正拉开距离。"五四"时期及 20 世纪 30 年代以后的冰心、冯沅君、庐隐、凌书华及萧红、杨绛、丁玲等便是最有力的例证。当历史行至 20 世纪 80 年代,迎来了中国女性文学的第二次新生和繁荣。此一时期,女性作家的女性主体意识在吸收传统营养及接纳外来文学新质的基础上壮大起来,尤其是 20 世纪 80 年代后半期和 20 世纪 90 年代初期,女性主体意识可以说出现了一次灿烂夺目的喷射。仅就散文创作而言,女作家们不约而同地集中笔墨自觉地抒写自己作为

---

① 周同宾:《皇天后土》,漓江出版社,1996 年。

人的女性意识、女性体验。她们已完全背离了男性话语的规范,执拗地专注地以自己喜欢的方式写自己所想、所想写的,形成了不同年龄、不同个性的散文女作家群。她们或抒写对独立、自由尊严的渴望,或抒发母爱、父爱、亲情之爱,或论述婚姻、家庭及作为女儿、妻子、母亲等多重角色的体验。尤其是20世纪90年代一些散文女作家超越女性文学的传统题材和"母题","深深抓住自己的生命历程从出生、初潮、初吻、交媾、怀孕、流产、生育等阶段的切身经历,从生命哲学层次上体验生命的奥秘探索、女性之谜、人性之谜,开掘出每一个女人都要经历的生命现象和平凡世俗生活中那诱人的生命之美"。(见刘思谦《写散文的文学女人》,转引自廖华歌《蓝蓝的秋空》)这是现代女性的生命意识、生命体验最确切的确认。有人不乏贬义地把此类散文称之为"小女人"散文,这只不过是男权意识作祟的一种表征。

廖华歌的散文创作,尤其是20世纪80年代中期以后的散文创作,明显地体现出女性意识、女性体验增强的趋势,这是廖华歌超越自我,与当代散文创作接轨,进行艺术探索的最直接的结果。她早期的乡土散文创作,基本上还是对时代社会人生重大命题的承诺的抒写。尽管也不乏女性文学的细腻、纤巧、阴柔的美学特征,但是我们不难发现男性文学规范影响的痕迹。但至20世纪80年代末90年代初,这种状态开始瓦解,女性意识得以高扬。她注重以女性的眼光去看待社会、人生。她以女性意识穿透社会生活,她的散文集《蓝蓝的秋空》及自况体散文集《泥路春天》,便是女性主体意识凸现的最终结果。在众多的篇什里,在自己人生的一曲曲心音的倾诉中,廖华歌表达了自己对女性独立、自由、自尊的呼唤,特别是面对繁纷的缺乏诗性的市人尘世,女性心灵深处的不安、惶惑、迷惘以及寻求解脱的探索,更显现出女性立场、女性意识的光芒。《玄色月》、《缘的脚步》等在对佛的境界的探寻中,女性心灵世界的真实便裸呈出来;另一方面,在针对自己人生轨道、生命历程所叙写的《悔憾》、《母子之间》、《三只小白兔》、《身为女人》、《病中》等篇什中,女儿、妻子、母亲等众多人生角色体验如溪水潺潺流淌出来,一个本真的廖华歌,一个真正意义上的女性的廖华歌,一个富有才情、女人味十足的廖华歌款款地走向读者,走进了20世纪90年代女性散文作家群。

正是周同宾、廖华歌以其对艺术宗教般的虔诚、执著,不懈的探索、耕耘,使南阳的散文创作一枝独秀,获得与域外散文对话的权力。

然而,我们面对南阳散文创作的现状,尤其是近一时期的创作,在周同宾、廖华歌的身后,虽然人数众多,但是能使人驻足品评的却为数不多,这当是南阳散文创作堪忧的地方,也是值得从事散文艺术的作家及文学爱好者警惕之所在。

原载《平顶山师专学报》2001年第1期

"写诗"、"写实"与"写史"
——论周同宾散文创作的思想流变

刘书营

一、引言

周同宾是南阳当代作家群的骨干作家,也是河南散文的代表作家之一。新时期以来,他专攻散文创作,取得丰硕成果:陆续在全国百余家报刊上发表散文一千余篇,其中有多篇被译为英文、西班牙文介绍到海外;出版散文集(卷)十余种,其中多部散文集获得省级和国家级奖励。四十多年来,周同宾执著地以散文体式去看取社会、关注人生,以"本真"面目把南阳散文创作提高到一个新的高度,在当代散文驳杂的领域中发出了"自己的声音",最终觅得一席之地。本文通过对周同宾散文创作历程进行梳理,考察和把握周同宾散文从初创、发展到成熟的演变过程及特点,同时探讨作家的心路历程。新时期以来,周同宾的散文创作历程呈现出明显的阶段性特征,有一个逐步发展、演变、成熟的过程,各个阶段既相互衔接,又有明显的不同。

二、"诗化"的追求:周同宾散文的初创期(1976—1984年)

周同宾1941年出生于河南省南阳县(现隶属社旗县),自高中起爱上了文学,做起了作家梦,决心当一个诗人。在高中和大学期间,一边拼命读书(文学作品),"古今中外,长中短篇都读",一边从事诗歌创作尝试。1961年7月大学毕业后,分配到一所乡村中学教书。工作之余,坚持写作,主要是写诗。"当时最喜欢的诗人是郭小川和闻捷,就努力模仿他们,也写张志民那种民歌体的自由诗……渐渐发觉,很多意思无法用诗表达,就写起了散文,诸多文学式样中诗与散文最近。不少优秀的诗人也是优秀的散文家。我的诗写得很多,发表的很少;我的散文写得较少,发表的较多。渐渐意识到自己不是诗人的料儿,即使呕尽心血,终也难成气候,于是不再写诗,专写散文了。"①由此可见,周同宾最初走上文学创作道路,凭的是年轻人对文学发自内心的热爱,由诗而散文,很大程度上是基于对社会承认的追求,同时,也是对自身才情的重新审视和定位。20世纪60年代前后,中国文坛最引人注目的"诗化"散文思潮,自然对此时初涉文坛的周同宾的散文创作产生了重大影响。杨朔、秦牧、刘白羽的散文模式成了当时的经典,为主流意识形态所认可并奉为金科玉律。杨朔"好的散文就是一首诗"、"我在写每篇文章时,总是拿着当诗一样写"②的艺术理念,自然而然地引起了具有诗人情结的周同宾的极大共鸣。另外,只允许一种话语存在的语境也从客观上引导知识分子逐步放弃自己的独立思考,将自己的人格融入时代的大潮中,汇入意识形态的认可、锻炼和整合中,使创作者的个体意识与当时的主流意识相吻合。因此,效法杨朔,追求散文的"诗化",便成了周同宾散文创作的不二选择。自1962年在《南阳日报》发表散文"处女作"——《我登上西岗》到"文化大革命"开始,周同宾在十余家报刊上发表散文近四十篇,都不脱杨式散文窠臼,甚至是杨朔散文的仿写。以他的《迟桂花》为例,散文的结尾这样写道:

我脱口而出:"你就是一棵迟桂花!"
我们相对大笑。
夜里,我在花香中入睡。
梦中,我看见了金色的迟桂花,放着馥郁的花香。

这与杨朔的《荔枝蜜》何其相似! 其他诸如《荠荠菜》、《满庭芳》、《画春》等作品也都是如此。周同宾曾说:"我是照着杨朔式散文描红起家的。"实际上他说的描红不但是谋篇布局的模仿、表现手法的借鉴,从更深层次上讲,更是对主流思想的无意识迎合。

"文化大革命"开始后,周同宾因受到批斗,一度中断了散文创作,转而从事曲词创作。新时期开始,才又回归到散文创作道路上来。此时的文坛,在经历了政治上的拨乱反正后,散文创作经历了新时期"记事怀人、回忆反思"的轨迹,正向纵深发展,基本上处于多元复调时代的前夕。这时周同宾在散文创作上已小有影响,"外省读者已知道河南有一个写散文的周同宾",但他依然沿用杨朔笔法进行散文创作。这种状况,一直持续到20世纪80年代初。这种创作的滞后有多方面的原因:客观上是地域的限制,使作家对外界主流文化接受迟缓;更多的是作家主观上对文学创作中政治风险的警惕,用自己熟悉的杨朔散文模式写乡土,鼓吹时代精神,大唱政治赞歌,不厌其烦地描摹"乡景、乡情、乡风、乡

---

① 周同宾:《周同宾散文》(第四卷),河南文艺出版社,1999年。
② 杨朔:《东风第一枝·小跋》,选自《杨朔散文集》,作家出版社,1961年。

韵",将自己的家乡幻想为一个令人神往的世外桃源,就成为极为稳健的文学策略。当然,20世纪80年代初期,分田到户政策的实施,曾极大地调动了农民的生产积极性,农村其乐融融的氛围也为周同宾的"诗化"创作提供了现实依据。然而,历史的发展潮流不可逆转,新时期的反思与个性解放思潮促使作家突破固有的创作模式与框架,此时的周同宾也在积极地观察、思考并进行创作上的尝试。1984年,《马蹄塘纪事》在《奔流》第5期上发表,这标志着周同宾的尝试取得了新的突破。

《马蹄塘纪事》在周同宾散文初创期有着特殊的意义,它是作家创作思想转变的一个信号,显示了作家此后发展乃至成熟时期的创作倾向。尽管依然是农村题材,却蕴涵了现实批判色彩。作家对农村的描绘已经不再是田园牧歌式的淳朴与和谐,而是显示出新与旧、美与丑"诸色斑驳"的景象。《马蹄塘纪事》写了作者故乡村子里的三口水塘——芙蓉荡、黑水潭和得玉池的变迁,讲述了三个故事。早年间,芙蓉荡"满塘荷花,岸边围着疏疏密密的杨柳,一年四季都有画儿一般的景致",后因一个欠了一堆酒债的堪舆先生说芙蓉荡一带是块"凤地",如果占住,日后富贵无穷,村民们便相继迁于荡边,"不几年,密匝匝的房舍盖了一周"。然而,年复一年,人们依然贫困。人家渐多,池塘渐小,以至于最后成为打麦场那么大的一坑黑水。"人们在坑里洗尿布,向坑里倒污水,往坑里扔蒜瓣子、鸡肠子。水里早已没有莲叶、莲花,连一棵水草也看不到,也没有青蛙、鱼儿……还有一阵阵的蚊蚋和腥臭气,不时向泥墙小院飞去。"通过芙蓉荡今昔对比作者最后感慨道:"对于自然界和社会上的美,人们妄图据为己有,那美是会被摧毁的。"从对芙蓉荡的描绘中我们可以发现,周同宾对乡土的再现已接近"审丑"而非"审美",对农村已不是单纯的赞美,而是批判,村民的迷信、贪婪及惰性都一览无余地展现在读者面前。黑水潭写了神话的破灭,同样有现实批判色彩。得玉池则讲述了农民武大郎勤劳致富,将一坑腐水重又还原为生机无限的池塘,歌颂了村民的勤劳与踏实。《马蹄塘纪事》中美与丑陈杂,批判与讴歌相伴,这表明周同宾已开始用纪实的手法抒写真实的农村,是对"诗化"观念的突破。

三、由"诗化"向"写实"的嬗变:周同宾散文的发展期(1984—1988年)

社会进入新时期以后,主流意识形态对作家创作的影响日渐衰微,思想解放为文学特别是为散文创作提供了广阔天地。随着对散文本体特征认识的深化,散文创作迎来新的契机。身处盆地、偏居一隅,尽管会造成对外界信息反应的相对滞后,但是周同宾作为一个散文家,具备高等教育的知识背景,有着丰富的生活阅历和人生体验,对时代也有着敏锐的感知。反映在散文创作上,反思以往创作中的欠缺,突破杨式散文的旧套路,进而形成个性化风格是他不断思索的问题。"渐渐认识到,只写农村的风景美、风情美、风俗美是远远不够的。农民并非桃花源中人。农村生活搅和着苦甜酸辣。每个农民的身世都有一份固有的沉重。农村的日月充满了艰辛。农民的命运常常带有悲剧色彩……我已不满足于单单描写那个所谓的诗情画意,想把文章写得厚重一些、深刻一些,写出一些历史感、沧桑感,再现农民的生存心态、性情性格。"①正是基于这样的思考,周同宾跨出了他散文创作中重要的一步,这一步使他走向成熟,走向自觉,站在了以知识分子的理性精神、批判精神去审视传统农业文明的高度,以现代文明为背景,把握时代变迁,观照乡土传统在现代文明中的滞后性。在《马蹄塘纪事》以后的创作中,周同宾的笔下先前那些描述恬淡、闲适的田园生活,书写日出而作、日落而息的"农家乐图"的场景不复存在。"故乡的月夜,再没了静谧,再没了朦胧美,再没了令人销魂的诗情画意和我顺手写的精致散文。举头望月,仿佛只有月儿依旧。"②这依旧的"月儿",是他对家乡不变的情怀,然而透过温情脉脉的诗意面纱,周同宾以一种理性的批判精神,触摸到小农经济所沉淀的自私狭隘、墨守成规、不思进取等弊端。狭隘的农民意识在周同宾的《情歌·挽歌》中得到了淋漓尽致的展示和批判。《货郎担儿》中,最爱绣花、一年四季穿不重样绣花鞋的桂花姐,被迫嫁给一个庄稼汉。最终,她的不满两岁的女儿,"那个长得十分机灵的小姑娘,穿的却是露出脚趾的鞋,鞋上并没有绣花",揭示了鲜明的人性在此泯灭。《祭文八篇》中的套子爷,始终相信"天塌下来,砸不了弯腰人",一生从没有直起他的腰来,反映了人格意识的缺失。《乡居日记》更是通过母亲的口对农村中"女孩儿不如牲口"的丑陋现象进行无情的揭露。

在这些喷薄而出的强烈理性批判中,杨朔那种颂歌式的散文写作模式被彻底摈弃。这种摈弃不仅是表面的,更是作家对自己此前操持的观照现实的认知方式的背叛,标志着周同宾散文创作迈向一个新的高度。

将周同宾这一时期的散文创作与前一个时期的散文创作进行比较,我们可以发现:周同宾两个时期的散文创作呈现出"不变"与"蜕变"的交互关系。所谓"不变",是指描写乡村的题材不变,对农村、农民的深厚眷恋之情不变;所谓"蜕

---

① 周同宾:《周同宾散文》(第四卷),河南文艺出版社,1999年。
② 周同宾:《周同宾散文》(第三卷),河南文艺出版社,1999年。

变",是指由于理性意识的渗透和审美意识的嬗变(确切地说是散文观念的深化),使散文的真实性大大增强,更加贴近乡土现状,呈现出浓郁的文化批判精神和启蒙色彩,使作品显得厚重沉郁、韵味悠长。周同宾这一时期的创作尝试和实践为自己日后进入成熟期,积累了经验,奠定了基础。

四、为农耕文明写史:周同宾散文的成熟期(1988年以后)

之所以将1988年作为周同宾散文创作成熟期的开端是基于以下考虑:第一,这一年,他开始了系列散文《皇天后土》的创作,正是这一系列散文,奠定了他在中国当代文坛的地位,为他赢得了全国性声誉。《皇天后土》被誉为中国乡土散文的重要突破,并于1998年获首届鲁迅文学奖优秀奖。第二,从这一年开始,作者对"经营多年的叙述方式渐感腻味,想变一变套路、换一换笔法,因而有意从古代文学,特别是明清小品中得到借鉴。学语言,学样式,学它的文化味、书卷气、空灵美和言简意赅的美学品格。于是,写了一批说人生、说山水、说读书、说写作的随笔小品文字。在形式上,也尝试了书简体、日记体、笔记体、论辩体等古人创造的文体样式"①,进一步拓展了自己散文创作的题材和体裁。第三,同样是在这一年,周同宾迎来了创作的高潮,不仅作品数量众多而且诸体兼备,在思想性、艺术性方面日趋完善,呈现出由写景抒情散文向文化散文的嬗变倾向。

系列散文《皇天后土》无疑是周同宾最重要的作品,代表了他散文创作的最高水准,也是他此前散文创作经验的总结。这部散文的出现既是时代大背景催生的结果,更是作者着力求新求变的结果。从时代背景方面来讲,20世纪80年代,相对于诗歌、小说、戏剧所取得的进展来看,散文的状况总体显得平淡,对散文历来有很高期待的批评家,不满于散文创作的"滞后"和"平淡",在1986—1988年间,针对散文创作状况表现了深切的忧虑,断言"毫无疑问,散文走的是一条下坡路,它确实落魄了"②,甚而提出"散文解体"的论断。由此引发了关于散文发展和革新的大讨论。讨论涉及散文文体的"自足性"和"规范性",散文与其他文学体裁的关系,散文表现内容的拓展等问题。这种讨论对散文圈内的周同宾来说,无疑是散文变革的外部动力。另外,从周同宾个人角度来看,时值壮年,精力充沛,创作热情正高,且具备丰厚的人生体验和丰富的创作经验,为散

---

① 周同宾:《周同宾散文》(第四卷),河南文艺出版社,1999年。
② 洪子诚:《中国当代文学史》,北京大学出版社,1999年。

文创作的突破和创新准备了条件。《皇天后土》的创作持续了五年时间,直到1994年才得以完成。这部散文集在诸多方面取得突破:在体例上,将口述实录体率先引入散文创作,以集束方式真实再现了转型期农民的生存状态和心理状态;在创作方法上,采取了"原生态"的表现手法,尽力展示当代农村"苦甜酸辣香臭腥臊"八味俱陈的美;题材上,着力关注农民,关注农民的兴衰际遇、所喜所忧、所感所慨,直接进入农民的内心世界;语言上,完全运用农民语言,粗俗、泼辣、直白,给当代散文园地带来一股鲜活异样之气。

《皇天后土》之后,周同宾的散文创作有了新的趋向,文化散文的色彩越来越浓。文化散文是20世纪90年代引人注目的散文思潮,从价值取向和写作立场来看,基本上是以文化精英为创作主体的产物。这一散文思潮的源头,可以追溯到台湾柏杨的《丑陋的中国人》、李敖的《传统下的独白》以及20世纪80年代中期巴金的《随想录》。文化散文的流行,应归功于余秋雨散文集《文化苦旅》的出版和贾平凹"大散文"主张的提出与争论。从文化散文创作的思想内涵来看,它有如下几个方面的特征:"第一是一种'大气'的散文,是对'小气、小格局'散文的一种超越;第二是内容严肃并有较大文化含量的散文,写的是人文山水、历史进程、知识分子的命运和人类困境等重大命题;第三是思考的深刻性和独创性;第四是忧患意识和强烈的文化批判精神;第五是文化本体性与审美觉醒的交感共融。"①以文化散文的特征来衡量新世纪周同宾的散文创作,其文化特征十分明显。

首先,从作家主观方面来看,周同宾有着文化散文创作的自觉意识,这种意识源于对自己创作可贵的反思与不断突破的勇气。在散文集《古典的原野》自序中,他曾这样评价自己的创作:"早些年,用稚嫩的笔,写乡村的风景、风情、风俗。固然写出了一点美,但毕竟太浅、太淡……有一定的艺术性,却很少反映出乡村的真实。刻意的构思,诗意的经营,精雕细琢的文字,负载不动农耕历史的迟滞,农民命运的沉重,农家生活的酸咸苦辣、纷纭复杂。后来,运用口述实录方式,采写系列散文《皇天后土》……这一批作品,虽被论者誉为'为农民立言',但毕竟是一个一个'个案',缺乏对农村生活的整体把握、对庄稼人生存状态的全盘考量,因此,仍然是小题材、小格局、小文章。我应当变换招数,力求写出悠悠岁月的纵深感,茫茫大地的沧桑变迁,庄稼人在历史拨弄中的偶然和必然,太多的磨难和无限的坚忍,被压抑的力量和沉默中的期盼。写乡村,需要大文章……面对灾难深重的土地、饱经忧患的乡亲,我不忍再追求诗,只希望写出一点史、一点思;也不忍任意修饰,只打算写出我认定的真实。我不敢说谎,即便

---

① 陈剑晖:《中国现当代散文的诗学建构》,江西高校出版社,2004年。

捏造一句假话,也有负于养育了我的土地和乡亲。"①《古典的原野》共收录了 21 篇作品,除《祭文九篇》《魂牵梦绕地方戏》《远村风景》和《细柳营札记》四篇作于 1995—1998 年外,其余 17 篇均写于 2000 年后。这些散文无论从篇幅、思想深度还是知识容量方面来看,都可谓地地道道的文化散文。

其次,从作品的知识含量和篇幅看,大部分篇幅都在 5000 字以上,有的篇幅甚至上万字,视野更开阔,知识含量大为增加,作品凝重,具有深邃的历史意识。周同宾不再将笔锋停留在农民个体身上,而是在历史的长河中对农民、农民生活和农耕文明进行整体的考察和阐释。即便是对农村日常农具物什的介绍也是纵贯古今,娓娓道来,确有农家百科全书的韵味,显示了作者知识储量和饱读诗书的人文素养,文章呈现一种"大气象、大手笔、大境界"。

周同宾"写史"主张的提出,实际上是对其"写实"主张的继承和发展。与"写实"相比,"写史"除了坚持真实外,还需要站在更高的高度上来连接古今,全方位地观照农村、农民和传统的农耕文明,打破了地域和时间的局限。"写史"不仅是一种散文创作主张,还具备了形而上的哲学意义。

五、结论

通过考察梳理作家创作经历和创作的心路历程,有助于较为准确地理解和把握作者的创作理念、艺术特色,进而对作者创作得失予以客观的评价,这是本文的目的所在。考察周同宾的散文创作历程,可以清晰地看出,周同宾的散文创作,有一条明显的轨迹:从"写诗"到"写实"再到"写史"的过程。不同阶段创作追求的变化,虽有时代思潮和社会背景的影响,但更多的是新时期作家自我意识苏醒后对创作个性化的自觉追求。通过对周同宾散文创作历程的研究,我们可以得出这样的结论:作家尽管身处中原的"边城",但并没有走向自闭与保守,而是对外部世界的变化保持着敏锐的感知和洞察,同时也具备顽强的探索能力和创新能力,他既超越本土文化心态,又不脱离本土文化传统。正是这种对创作的执著追求,最终使他走出盆地,成为当代个性别具的散文作家。

原载《河南工程学院学报(社会科学版)》2009 年第 3 期

---

①周同宾:《古典的原野·自序》,选自《古典的原野》,人民文学出版社,2003 年。

中原大地上的散文风貌与风骨

彭学明

关于河南散文,我更愿称之为中原散文。首先,提起中原骨子里就有一种亲切感和认同感。作为中华文明的发祥地,我们每个人的血液都与中原骨肉相连,我们每个人的身上都带有中原的印记。其次,提起中原我们都有种骄傲感和自豪感。中原文化和文明很大程度上代表了中华文化和文明,这种历史的厚重感,会带给我们与生俱来的骄傲感和自豪感。再次,中原散文比河南散文更具有广泛性和代表性,在某种意义上,中原散文代表了中华散文的风貌与风骨、前世与今生。我们知道,中国最早的散文总集《尚书》是东周时期的河南人整理出来的,写《道德经》的老子是河南鹿邑人,写《庄子》的庄子是河南商丘人,洛阳贾谊开骚体赋之散文先河,贾谊、晁错将西汉政论散文推向了巅峰。张衡的《二京赋》和左思的《三都赋》都名动天下,位于唐宋八大家之首的孟州人韩愈把中华散文也推向了巅峰,中原散文在中华文学版图上留下了与中原大地一样博大厚实的地貌和富矿。因为这些文明的积淀和滋养,河南的中原散文异军突起,一直独领风骚,中原散文形成了整齐的方阵,以集团军的形式走出了中原散文特有的风姿,体现了中原散文特有的风貌和风骨。

一、中原散文风貌整体概览

当代中原散文孕育和成形于20世纪六七十年代,80年代时,中原散文成熟活跃,进入了丰收时期。孙荪、周同宾、卞卡、南丁、廖华歌、王大海、刘先琴、王福明、田迎春等中原散文家,不但成为中原散文的代表,也成为中国散文的中坚力量。到了90年代,随着中国散文的繁荣,中原散文的创作队伍更加庞大,创作成就更加突出,除了80年代涌现的那批散文家外,一些小说家和诗人也开始进入散文创作,并引起了文坛的广泛关注。比如写小说的阎连科、田中禾、二月河、郑彦英、张宇,写诗的王怀让、马新朝、王剑冰、陈峻峰,写评论的何向阳,写新闻的王钢、刘先琴等,乔叶、鱼禾等新人也开始崭露头角、引人注目。1998年到2001年,蓝蓝、冯杰、单占生、赵敏、孙荪、何平等一大批新生力量的加入,使中原散文完成了集团的集结，组成了名副其实的散文豫军。在全国性的评奖中，周同宾的《皇天后土》、郑彦英的《风行水上》分别荣获了第一届和第五届鲁迅文学奖，王剑冰先后荣获了首届冰心散文理论奖、第三届冰心散文奖，孙荪的《云赋》选入全国语文教学课本，王剑冰的《绝版的周庄》入选上海高中语文教学课本，李铁城的《祭炎帝文》入选中学语文课外阅读本，周同宾、吴长忠、廖华歌、乔叶、冯杰、刘先琴等人的作品被列入中学语文读本及省高考作文题。就散文创作特点来说，中原散文深得中原文明和文化的熏陶与滋养，文风上既瓷实、敦厚、厚重，又浪漫、典雅、诗意，中原大地厚重的历史质感和文化底蕴几乎贯穿在所有散文家的字里行间。比如周同宾和冯杰的散文，就散发出中原大地厚重的历史质感和文化底蕴，让人读后充满了对中原大地的敬意。艺术上中原散文追求唯美，无论是简洁、宁静，还是婉约、诗意，中原散文都最大限度地追求艺术上的完美，给人以美的享受。比如王剑冰和乔叶的散文，王剑冰追求婉约、诗意；而乔叶追求简洁、宁静，给人以清水洗尘的惬意。情感上，中原散文讲究随意、随性，情真意切，有情感的黏度和强度，与读者有心心相印的亲和力和感染力。比如卞卡和郑彦英的散文，就因其真情的随意、随性和不做作而有种天然的亲切感。在精神内涵上，中原散文都力求上善若水、厚德载物、微言大义、大义无声，从而达到精神上的质地轻跃，比如孙荪和乔叶的散文都具备了这样美好的精神质地。

二、中原散文风骨个案演绎

优秀的散文家都是不拾人牙慧，都力求推陈出新，都在追求自己独特的风格与风骨。纵览中原散文家的散文风格和风骨，可谓是"横看成岭侧成峰，远近高低各不同"，他们以各自的风格与风骨组成了中原散文刚直而妩媚的风景线。周同宾的散文有一种巨大的民本关怀和土地情结，他的所有散文几乎都没有离开过南阳那片土地的人和事，他的《皇天后土——99个农民谈人生》、《一个人的编年史》、《乡关回望》等系列文章，是一个中原之子对中原大地上的人和物的杜鹃啼血一样的吟唱和呼喊，历史的纵深感、沧桑感和现实的通透感、悲悯感，组成一根一根粗粝而坚韧的线条和一抹抹细腻而质朴的颜色，为大地母亲塑像，为中原故地立传，深沉、凝重、厚朴。郑彦英的《在河之南》、《风行水上》，充分借助小说创作的手法，把小说叙述的故事密度和节奏、细节场景巧妙地植入散文叙事里，从而使散文丰沛、丰盈、生机勃勃、引人入胜、风舞奇观、精神静谧，都清澈、明澄地流泻在亲情、友情和自然天地间，呈现出别样的散文地脉和气韵。阎连科是从河南走出去的军旅作家,但他的散文根系却深扎在中原大地,中原大地的厚重孕育了他苍劲而温润的文字、深厚而沉重的情感,中原乡村的品格、中原人性的品质,都在他的作品里带着一种坚韧的情感力量传递亲情的热度。王剑冰是中原散文家的异类,他的视野并不局限于河南和中原,而是放眼到了更广阔的世界。他似乎一生都在行走、漂泊、追寻,但令我惊讶的是,他最坚实的足印、最柔软的情感、最满意的答卷,却留在了一个与他毫无关系的周庄。他的《水墨周庄》《绝版的周庄》《周庄的岁月》等周庄系列,可以说是游记散文的经典,灵动、诗意,既有唐代书生飘逸的书卷气,又有现代文人的参差美。卞卡的散文是豪迈中见微意,他的《花信封》《采桑泥》《永远的岁月》等散文集中的山川大地、民间风物、故土人情,不但呈现出摇曳多姿的文学气象,更呈现出特别令人感言的民间表情。平实练达是孙荪散文的最大特色,孙荪的《鸟情》《瞬间解读》《生命的诗意》等散文作品,无论写人、状物、记事,都不在纸上浓墨,而是见微知著、言简意赅,平实练达中文采恢弘。南丁的散文是一份清闲、清新、自然、纯净,用之虽不奢华却极具文采,行文虽不张扬却极具张力,在对社会、生活和人生的切身体验与感悟中,其深刻的洞察、个人的睿智和豁达的心胸,都体现出了弥足珍贵的文学情怀。二月河的散文以随笔为主,他的散文随笔以历史为经,以现实为纬,在现实中找到历史的坐标,在历史中映出历史的影子,望闻问切、鞭辟入里,彰显出一个作家的社会良知和人文关怀。这种社会良知和人文关怀同样体现在田中禾的散文中,不同的是,田中禾的散文是站在中西方文化的大视野里进行参照、对比和审视,从而达到一种文化的精神向度。吴长忠的散文打开的是人与自然的心灵通道,它通过对自然界细致入微的观察及细腻简洁的描摹,呈自然万物生命之景象,状人间万世之品质,把自然万象通向社会万象,把文学审美通向精神审美。张若愚的散文是一个文人的心灵物语和情感放歌,柔软而硬朗的文字里,安放着一个文人孤独、迂回却真实、善良而耿直的心。中原大地上的山川风物和他的人生亲历感悟,都如一簇情感的火焰,燃烧一个文人对孤独大地的挚爱真情。马新朝的散文和他的诗歌一样,多是乡土、爱和生命等主题,他诗意盎然的文字里,不但弥漫着乡土的亲切气息,更透露出他与乡土与乡亲打断骨头连着筋的柔情蜜意。王怀让的散文善于在宏大中抓住细部表情,捕捉生活细节和时代浪花,在生活细节和时代浪花中反映大主题,揭示大境界。何向阳的散文以历史意识和文化意识见长,在对人文地理、历史文化、个人体验和现实命题的审视中,言之有物,思之有道,文采斐然,见解独到,既不失作家的文学性,也不失学者的学理性。乔叶的散文可以说是小情致、大境界,她的《母亲的纯净水》《穿心米线》《在天花板上亲吻》《自己的观音》等散文,有小说式的叙述、诗意式的文字、宗教式的禅味,简短明了而又细微幽深,是一个中原女子献给读者的心灵鸡汤。冯杰的散文是北中原的影像和碑刻,各种声色影像都从古老的北中原中钻出来,闪烁着历史的青光,散发着新鲜的气息,透露着中原的风情。其出入古今的自由娴熟,其天上地下的神思妙想,风美、灵动、瑰丽、雅致,一张北中原的宣纸上,诗性与史性的交相泼墨,徐徐展开的是大地、民间和世界。廖华歌的散文风格多样,既质朴又华美,既抒情又简约,激越时如黄河的涛声拍岸,静时如小溪的流水浅吟,写人记事都讲究微言大义、质真淡美。鱼禾的散文是从骨子里和血液里奔腾出来的,她的《逃离》、《寂寞》、《独在》等散文随笔都来自骨子,来自血液,来自生命,自我的内心隐秘与言行所组成的矛,在与生活、世道、世俗所组成的盾的对抗与纠结中,我们看到了一个人站在高处时的苍凉和隐痛、困顿和坚韧,看到了落入红尘和世俗的身心依然没有泯灭的精神。刘先琴的散文简洁、质朴,却能在司空见惯的人和事里,挖掘出峰回路转的艺术磁场和极易被人忽略的新意,人心和人性是她散文最常见的指向和光芒。王钢的散文是一块璞玉,不饰雕琢,更不花哨,但璞玉的质地却十分优良,敏锐地发现巨大的真实,使得她的散文另辟蹊径、一路风光,《包公脸上的指痕》、《参见岳飞夫人》就是她散文路上的奇峰奇景。鉴于我的阅读视野有限,还有很多优秀散文家的散文作品在这里就不一一叙述了,期待在以后的日子里进行学习和交流。

三、中原散文短板突破建议

短板不仅是我们中原散文,更是当下散文的一个通病。去年我在《人民日报》发表了一篇文章叫《迷路的中国散文》,对当下的散文提出了四点批评:

第一是散文作者的角色错位。为什么说散文作者的角色错位呢?现在我们的散文作者写散文的时候,不是把自己当作散文家,而是把自己当作学者、专家、教授、牧师、思想家,就是不把自己当作散文家。所以他在写散文的时候,力图显示自己学识多么的渊博,在作品里面填充饲料、填充知识、填充学术。我不反对散文里面有学术信息,因为学术信息可以给我们很多新鲜的东西,但是现在有些人在写散文的时候,不是把这种学术信息资料巧妙地融会贯通在文学艺术里面,而是用了一个学术论文的瓶子装这些东西。有的是因为文学艺术修养不够,所以作品没有文学性;有的是因为知识性不够,所以也达不到知性散文在文学艺术上的要求。这样的话,他们写散文的时候,往往会造成写自然风光的散文变成了导游图,写人文历史的散文变成了文史馆,而写时代现实的散文变成了喊政治口号,写日常生活的散文变成了记流水账。

第二是散文编辑的理念错位。一方面散文编辑把散文的理念做得非常大，只要是小说、诗歌、报告文学装不进去的东西，都把它当作散文，把散文当成一个垃圾桶、收容站。在上一届散文评奖的时候，我们就收到不少这样的作品，一些人把旅游部门编的旅游知识方面的书和文物部门编的一些文物知识方面的书也当作散文报上来，大量的图片配一些解说，就当作散文报上来。他们就是把散文的理念做得非常大，把散文做得没有边界、没有底线。但是另一方面，他们又把散文做得非常小，现在我们的散文编辑提倡所谓的文化大省，我不反对文化大省，但是现在所有的散文好像都认为只有一个模式，写文化、写历史的就是散文，所以散文就越写越长，一写就是上万字。我们以前说散文是短小精悍，形散神不散，但现在的散文一写就是一万、两万、三万字，甚至一部书，现在的散文几乎都是写所谓的人文、历史、文化，好像其他的散文就不是散文了。这样造成了散文编辑的跟风。比如说一个区域内的文化历史散文出了，所有的编辑都约这样的散文；乡土散文出来了，所有的编辑又都约这样的散文，发这样的散文，好像其他的就不是散文。散文编辑跟风，散文作者也跟着跟风，本来有些散文作者有自己独特的理念，也取得了很好的成就，走出了路子，但是可能因为他的稿子发不出来，于是他也跟风去学。他不懂人文历史，但是也去学着写人文历史，抛弃了他熟悉的乡土、生活领域，而去写他不熟悉的题材。在某种程度上，我认为散文编辑破坏了散文的命题。

第三是散文批评的话语沉沦。现在的散文批评家都是采红不采绿，一般都是小说批评，读者喜欢小说，官方也重视小说，所以现在的散文批评、诗歌批评是少之又少。所以当某一个人对散文方面发声的时候，大家可能就认为这种声音是正确的，若再没有其他的声音发出来，往往就造成了一种声音把所有的声音都替代了，所以散文路子就越走越窄，散文就越写越小。

第四是散文的创作存在弱视和现场的缺位。散文本来也是非常具有现实性和时代性的，但是当下散文的不足和短板就是对现实弱视和现场的缺位。对现实和时代的关注中，我们的散文很少关注大现实、大时代，在这个波澜壮阔的大现实和大时代里，我们在散文中很少看到关注国家命运的宏大叙事，也很少看到关注百姓痛苦和命运的作品。例如汶川地震这些事关国家命运和人文关怀的题材在散文中很少看到。当汶川地震发生的时候，诗歌和报告文学反应多快，甚至掀起了地震的诗歌潮，但是散文的声音非常寂寥、落寞，几乎没看到什么反映这方面的散文作品。所以我觉得散文对现实的东西和国家、老百姓命运的东西反映比较少，比如反映百姓的幸福与疼痛、欢乐与悲伤，直击百姓命运的作品，我们在其他方面都可以看到，并且遍地都是，但是在散文作品中看到的很少。散文作品见到的多是亲情、友情和乡情，多是自然风光、风物、人文、历史，多是自我呢喃和自恋,这不能不说是一种遗憾。在中原散文里面,我不知道这样的情况多不多,但是我想或多或少,也存在这样的一些短板现象。比如说我在乔叶的作品里看到她写黔东南旱灾的《我们能做些什么》等作品,但是中原这方面的作品也不太多。所以我觉得,当前散文的不足和短板在中原散文中也存在,我提出来,希望大家可以做一个参考和共勉。我觉得还有一个强烈的感受,就是中原散文个性的短板和不足,表现中原地域和特色方面的作品还不够。中原文化如此厚重,中原历史如此雄浑,中原民风如此丰沛,中原的人文也如此多彩,这样如此厚重、雄浑、丰沛、多彩的中原的独立气象,最容易使我们的中原散文呈现出特有的底气和大气。中原古今中外的历史人物和历史事件,就够中原散文家们淘金一生,但是我们的中原散文表现得不多。虽然我从周同宾、冯杰的散文里读到了一些中原风情浓郁的作品,其他散文家里面也读到了这个,但是我觉得只是表现了中原气象的点和面,而没有往深处走、往大处走,纵深感不够,大气感不够,还不足以表达中原的广博和深厚。所以我觉得一个地域作家要形成一个群体的话,不是仅仅就籍贯而言,如果没有把地域特色表现得很好的话,我觉得地域作家的现象也不够。假如李佩甫跑到云南去了,作品里看不出中原的特色,人家就把他当成云南的作家了,你的身上就没有带中原的文化印记,所以我觉得这也是中原散文所需要加强的一点。

原载《南方文坛》2011 年第 5 期

周同宾乡土文学的精神指向

孙晓磊

南阳当为人类起源地之一。正史有载,自五六十万年前的南召猿人在此落地生根后,从春秋战国以降的申、吕之国到秦王朝设置南阳郡,从楚文化的生成到东汉帝乡之陪都的确立,南阳从来都因地域和人才辈出而显示出作为中国疆域中重要组成部分的应有风采。随着人类社会文明的提升和中国历史进程的不断推进,南阳也逐渐成为楚文化的发祥地和汉文化的荟萃之地,并在中国南北交会带上形成和发展演变出独具魅力的南阳盆地文化。这种盆地文化的孕育完善过程,历经沧桑,见证历史,既带有荆楚之瑰丽魅惑、洒脱飘逸的气韵而富于开放、灵活的可塑性,又兼具中原之包容厚重、求本清源的正统而惯于保守、闭塞和故步自封,蕴涵着超乎寻常地吸纳和排斥新鲜事物的潜质。在历时的传统走向共时的现实语境的不断扩张中,南阳盆地自始至终表现出对异质审慎、同化、融合而后生发出新质的复杂而又莫名的不确定性,体现着楚风汉韵丰富而又独特的人文内涵,影响着文化人格的锻造过程以及文化形态的生成模式、结构方式和发展方向。

在历史走向更高文明的同时,因地缘优势和文化传承的缘由,南阳在人创造文化、文化塑造人的互动发展中,造就了包括商圣范蠡、科圣张衡、医圣张仲景和智圣诸葛亮在内的一大批历史文化名人。与之相连,南阳的文脉气势一直在全国范围内居高领先、贯通古今,远的如范晔、岑参,尤其在当代,冯友兰、李季、姚雪垠、乔典运、二月河、周大新、柳建伟、田中禾、马新朝等,也都是在南阳这片热土上喝着故乡水脚踏实地地成长起来的。而且单就这种适宜滋养文人的外在的文化环境来说古今亦然。所以,在传统文化的熏陶积淀中,先贤们的经验世界、秉性人格自然要在承接南阳的文脉地气和风土人情中,强化并传承给南阳的后学之人,为后来者生长、发展、壮大、提高奠定了坚实的人文基础。

在当代,从个人气质到道德文章,最能体现南阳文化精髓的当属谨言慎行、文如其人的周同宾先生。他作为有着较强独创精神的作家,集传统思想与现代理念于一身,融中西文化为一体,典型地透出南阳人的睿智与朴实、顽强与谦逊、坦诚与善良,映照出南阳本土文化的个性特色。他气质文雅,内敛致中,率真且不事张扬,随和而学有所养,中规中矩、不偏不倚,一派知识分子的清癯洒脱之气。

有人认为:"一种作家用思想和智慧写作,一种作家用灵魂和血肉写作。"这种划分未必十分科学,尤其是有点二元对立的意思而令人难以接受。但若换一种角度,权当一家之言而领悟的时候,我欣赏和羡慕前者,但更敬重和认同后者。因为既然是以文字向社会发言,那么应该具备超乎常人的思想智慧自不待言,若又能"用灵魂和血肉写作"岂不更富于生命意识的生动性、创造力和真实感,更容易实现创作主体与读者的沟通交流而引起更大的共鸣。固然,文学的样式是文学得以存在的理由,但内容的意义更为必要,尤其隐含在文本中的灵魂是更为根本的精神支柱,任何时候,富有生命体验的终极人文关怀都是文学得以存在的基础和根本的价值体现。

以写作散文安身立命的周先生,似乎更应当算作"用灵魂和血肉写作"的作家。他的散文本真、质朴,乡土气息十分浓厚,充满温馨温润感,是一帖寻找精神家园、救治思乡怀故情结的心灵安魂剂。因为,任何时候,只有"在接近自然的地方,一个人也更接近自己的灵魂",反过来亦然。人类社会最初萌生的农耕文明,之所以能够留下清晰的文化遗传的印记,是因为这种来自乡村的印记才是我们记忆因子的发源地。所以,无论城市人还是农村人,大多都天然地依恋和向往田园风光,土地、村舍才是更有亲和力和值得人们追忆、遐想的灵魂栖息地。而城市除了建筑的风格或许会稍稍勾起人们记忆的思绪,大量复制和雷同的钢筋水泥、沥青路面则更多的会是拒绝亲情的召唤而稍显冷漠。其实,人工雕琢味越浓的地方越无从唤起更多的文学意蕴。

而周先生的散文,尤其他更多的农村题材的散文,道出了人类朴素的情感,说出了农家的世情冷暖。他说:"我身上,环流着农民的血液。""我是农家子,吃红薯饭长大,穿粗布衣成人,对农村和农民,一直怀有一腔挚情。""农民的哲学思想、生活习惯、是非标准、文化观念、审美趣味,深深地影响了我。"由此可见他对农民的一往情深。正是最大限度地传承了农民的血脉才孕育了他的文化人格,是农村的乡土气息营造了他的精神家园,是农耕文明的自给自足塑造了他的从容气度。从农民思维的起点出发,他对农村风土习俗的熟稔,对国人情态风貌的把握及其信手拈来、驾轻就熟的文字创造,成为抵达他著书立说创作彼岸的一叶方舟。这种不期而遇的宿命,使他的文本深刻地体现出他灵魂得救和对土地朝拜的文化寻根意味。

矍铄、儒雅的周先生,1941年出身于南阳社旗县一个世代为农的家庭。虽然父辈识字不多,但耕读传家的传统伦理却在时时浸润着他。从牙牙学语到懵懂童年,从亦步亦趋的启蒙教育到因材施教的青春少年,特别是中学阶段对国文和写作的痴迷,真正使他开始走上自己的逐梦之旅。那时候,闲暇之余他便沉浸于舞文弄墨中:参加"文学社",刊出《萌芽》壁报,尽可能宽泛地阅读一些可以接触得到的文学名著……几乎所有青睐于创作的文学青年的激情之举,都被他认真演练操弄一番,这是他爱好写作的全面实践,也是他学习各种文体的一个锻炼机会,由此开始了真正意义上的写作并尝试向报纸杂志投稿。

不懈的努力终于在1958年4月得到回报,他的诗文《炉边小唱》第一次在《南阳日报》上变为铅字。我们可以想见得到,对于他那是怎样的激动不已而又永生难忘的时刻。

当然,我们不能苛求周先生的第一篇。因为任何时代都有自己的价值标准,在那个迄今令国人难以忘怀的年份,崇尚英雄主义、集体主义和不必个体反思甚至不用思考是那个时代的主色和时尚,任何时过境迁脱离具体历史条件的事后诸葛亮式的阐释,都没有多少客观的借鉴意义。所以,即便"大跃进"、人民公社并不一定利于文学的生长,但周先生依然对自己这篇见诸报端的处女作"觉得有模有样的委实漂亮",他"禁不住欣喜若狂,如痴如醉"。文学使他沉浸在想象和创造的快乐中,替代了他原本可以拥有的更多实惠的一些想法。但于他来说,无论怎样,侍弄文学才是他的真爱,与之能否长相厮守姑且不论,但那份对文学的挚爱却不必质疑,毕竟邂逅缪斯女神并得到眷顾,并不是每个人都能可为和可遇的幸事。

我猜想,激情和躲避不开的意识形态,对他最初创作很可能有着双重的促进作用;否则,那篇处女作不可能诞生在全民轰轰烈烈的捉麻雀运动中。这个不可小觑的开端,或许成为了他与文学的不解之缘和毕生从事写作职业的最初诱因。之后,他又相继发表了三十余篇诗歌、散文。然而,正当他踌躇满志、阔步前进的时候,命运之神却给他开起了玩笑——这时,急风骤雨般的"文化大革命"开始了。这种情形下,现实中每个要食人间烟火的人都不可能"躲在小楼成一统",更何况对文化人有着特别意义的"文化大革命",在那种"越来越好的喜人、逼人形势"中岂容他抽身之外袖手旁观。所以,当他还没来得及细细体味文学创作的曼妙滋味时,就稀里糊涂地被政治运动裹挟和牵连上,一下子从享受创造文学的快乐高潮中跌落下来,主动发言变"被发言"的无奈,使他只有受批挨斗之份,没有还手回击之力,任你百般辩解,遭遇"白专典型"的批判而备受不公却是不可避免的了。

在这十年的蹉跎岁月中,他不但作家梦难以为继,而且原来发表的作品又招致"清算",这住牛棚、写检讨的尴尬和"始得名于文章,始得罪于文章"的翻云覆雨,恐怕仅用政治原因不好文过饰非、一笔带过,肯定会有人性中见不得阳光的东西趁机从中作祟。

在时势造英雄中,固然是天时不如地利、地利不如人和,但很多时候起质的决定作用的却往往是天意，人到底抗争不过命运，时运如此，为之奈何！这时，他师范毕业后被分配到中学教书育人，这种为谋生从事的职业以及他后来家庭生活的角色转换，丝毫都不能动摇他最初的抉择。在那个以阶级斗争为纲的年代，大环境几乎阻断他专心致志进行创作的各种可能，一切的底色都变得红彤彤一片，所有的事情都能与政治搭边，耀眼的光芒遮掩了本该更加丰富多彩的生活，不仅时势如此，而且对文学欲罢不能和没处发表作品的苦闷也在时时困扰折磨着周先生。在这种双重压力下，踏入社会使他更清楚地看到世道人心在特定环境下的极端表现，更从社会这部无字大书中愈加看清了人性嬗变的诸多方面，因而，纵然暂时失意，但难以撼动他从事文学创作的志向。

虽如此，他唯有像多数身处逆境中的人一样去耐心等待和韬光养晦，在修为养性中坐看风云变幻、常思世事变迁，在磨砺和持守中拒绝沉沦、艰难抗争。就这样，年复一年的岁月流逝虽然销蚀着铅华，但终将大浪淘沙、真金必现。只要精神不倒，他就会依然挺立并前行在文学世界的畅想中。于是，读书思考、行文练笔、向内挖掘成为他提升素质的必修课。他坚信，只要有梦想，就会有希望，好梦必定成真。

在期待和守望中，他迎来了文学的春天，也开始了他写作的第二春。当然，刚刚经过"文革"的他，即便没有了意识形态禁锢的余悸，但思维的惯性也不可能使他对写作形式很快地表现出浓厚的前瞻性的兴趣，更何况文学自身的发展，也没有更多可供借鉴的阅读来引领他的写作。所以，继续秉持杨朔散文模式仍然是他及那个时代的必然。

随着改革开放的深入，人们的思想观念空前解放，特别是20世纪80年代各种思潮不断涌现：表现主义、达达主义等西方文学思想逐步被介绍到国内；单一的、理性意义上的揭示事物本质的方法，正在受到观念意识不断创新的挑战；原来仅仅用认识论来观察和表达世界的方式受到越来越多的质疑，文学从来没有像今天这样迫切需要呈现出更多另类的面孔，文以载道也因"为生命而艺术"的冲击而逐渐淡出。多元文化和各种文体形式的出现拓宽了他的视野，使他在一定程度和范围内能够挣脱传统散文写作模式的束缚，这些无疑改变着他的创作观念，为他施展才华提供了更大的发展空间。

同时，他思想的日益丰富也使自己呈现出井喷状的写作态势，这种情形下，多个单篇发表的文章有了结集的可能。于是，继1987年他出版第一本散文集《乡间的小路》后，接二连三地出版了《葫芦引》、《情歌·挽歌》、《铃铛》、《唱给文学的恋歌》、《绿窗小品》、《皇天后土》、《桥的呼唤》、《周同宾散文自选集》、《周同宾散文》等。在这段创作的丰沛期，不仅散文的艺术表达达到了新的高峰，而且，始终真诚地描摹农民生活成了他创作的主调。此时的他说："我的散文，便是唱给农村生活的一曲绵绵的歌,也唱情歌,也唱挽歌。不论唱得好坏,自信歌里尚有一颗真心。"因此可以说,是农村题材成就了他,是父老乡亲的真实生活打动了他,他也成了农民永远的歌者。

其实,一直以来,对于血脉里流淌着农民的血和有着很深农村情结的他来说,农民和农村生活几乎成了他歌之不尽、咏之不竭的创作主题和重要精神源泉。相比以往,也许这时的他才算真正找到生存的坐标,等来了大显身手的时机。所以,他非常珍惜这个时代,发愤努力,勤奋耕耘,而且佳作不断,连续在全国百余家报刊发表散文八百余篇,多篇作品被收入全国性散文选本或被文摘报刊选载,部分作品被译为英文、西班牙文而介绍到国外,并获奖二十余次。

休谟说:"哲学中有一条一般原理:'一切开始存在的东西必然有一个存在的原因',这个存在的原因决定了始与终的统一。"世事固然难料,但最终都要回到或接近最初的出发点,这似乎可以用作阐释悖论。世上许多不易察觉的偶然中孕育着必然并给人留下悬念。周先生之文学造诣既是一种偶然又是一种必然,他偶然在社会一个时段的文化塑造中,必然在他个人的天赋和勤奋创造中。从这个意义上说,他及他的作品虽然是时势造就的结果,但他的创作本身却是极具个人化的精神创造。他在这种创造中并不刻意于那种缺乏心灵呈现的纯粹形式变换,也从不把玩艺术,而是对生活和文学自始至终投入真情实感,更多的是在语言锤炼中探索个性风格,这决定了他必将以最为适当的语言技巧来本质地表达本真的现实生活,这是他能够每每写出令人萦心牵肠文字的缘由。这文字鲜活、深沉富有质感,感怀、犀利蕴含诗意,绵延、醇厚耐人咀嚼。

事实上,一个作家从文学自发到文学自觉,大抵会经历一个从模仿生活再到高于生活的渐变过程。这中间,作家包括创作经验在内的精神世界都会发生变化,有时甚至是剧变,并可能在生活经历和创作经验的相互促进中迸发出超验的奇异灵性。所以,从上世纪90年代开始,有更加独立的自我意识和比较成熟的写作经验而又专一于散文创作的周先生,便愈发显得世事洞察、思想深邃、语言老辣,在他为我们呈现的五彩斑斓的文学世界里,更多的是一篇篇质朴、厚重、枯涩、耐品的能"被称之为作品"的力作。

我们知道,后现代派小说由于强调世界的不确定性、差异性而淡化客体描述,在意语言的叙述本身,注重"回到文学本身",这种刻意于"怎样写"的写作影响甚至曾撼动了整个文学的传统基础。那么,作为以散文形式抒发情感的散文语言的表述究竟还能走多远,文字还能凭借什么安放我们躁动不安的灵魂和永无休止的欲求?对于这些无法回避的问题,每个作家的反应肯定各不相同。但很显然,周先生对技法形式上的标新立异自有应对,他在创作中努力回归语言的自然、清新和淳朴,使"真"成为他散文的灵魂、透视人生的法宝和创造文字的基础。同时,对农民的深厚情感和对中国传统文化的深度思考以及对中西方文明的鲜明对比,使他对现代农民精神有了历史考量的现实依据。其实,要真正理解"回到文学本身"的问题,就要明白它是对过于强调"文以载道"进行消解的本意,显然,这带有一种矫枉过正的意味。但要真正理解"回到文学本身",散文更应使感染力成为体现真情实感的自然流露,而不是借以抛弃大众经验和审美需求的口实,更不应据此使文本远离情感和心灵,在文字间做言不由衷、语不及物、句不及意的往来旅游。

当然,周先生能做到这些,也与南阳的小气候不无关系。20世纪七八十年代,也正是后现代理论在世界范围内发展完善阶段,后现代的多元视角颠覆和异化了现代主义那些系统化、规范化的东西,它承认世界的不确定性奠定了对差异的充分尊重和多样性写作的哲学基础,使文学的艺术个性的创造有了更大的发展空间。特别是从美国20世纪60年代的后现代小说的形成来看,它所表现出的戏仿、拼贴和反讽,虽然存在割裂思想的语言碎片化倾向,但用尝试形式的变化来对抗正统和权威,使人们可以重新认识和评估价值,获得剖析自我、直面人生的更多可能,也可以使我们更典型地反映荒诞的社会本身,满足人们的更大精神追求。而且它消解非此即彼的二元对立,以多元思维促使我们因看到事情的复杂而显得更有意义。所以,福柯相信"话语……是一种如此复杂的现实,以至于我们不仅能够,而且应当从不同层面用不同的方法来接近它",这就有可能实现对霸权话语的更有力的批判,形成更具包容性的国际语境。就这一时期的南阳文坛而言,后现代主义作品虽然有一定的影响,而且代表表现主义、现代主义的意识流也曾风靡一时,为数不多的先锋创作和实验也折射出一些时代特点,但绝大多数作家是现实主义手法,这同样也为周先生的散文本土化写作,提供了一个更加宽泛的学习借鉴的适宜语境。

这样说,并不表明周先生安于现状和拒绝接受新思想、新形式。其实,一个要在文学之路上走向更为高远的作家,如果要获得更大的创造力和自信心,就必然要有更大的勇气否定自我,而且要承载新的精神资源和指向新的思维向度,以遏制思维定式的僵化趋势。我们知道,人们的经验世界一个来自生活、一个来自内心,而高于生活的本真,其实就是来自内心的艺术感悟和心灵灼照的结果。周先生固然"不想取巧,而又……怯于维新",且自认为"作品多没有巧妙的构思、缜密的章法",但不想取巧的他在语言方面还是颇有心得的,比如他交替变化的长短句的节奏感、韵律感以及准确使用动词的敏感性,都成为他散文风格得以确立的最重要标志。不想取巧不等于平铺直叙和没有构思,不等于对五彩缤纷的生活照单全收,他认为,"小说仗虚构、散文靠剪裁","散文写人,重作者主观情感的抒发"。这,或许是他散文情真、意悠、不留雕琢痕迹的更高境界吧!事实上,周先生一刻也没有停止过内容和形式上的创新,从《铃铛,丁当,丁当》到《豆的系念》,再到《桥的呼唤》,他用传统的文化记忆来激活和挖掘本土的文学宝藏,以独特形式体现周氏散文写作方式的改变,特别是他的创新更多表现在对语言的个性化锤炼上,尤其他正视现代农民的精神世界并给予传统意义上的充分关照,使他的散文创作走向了与时代同步发展的更高层面。

不仅如此,"世间唯有想象:它们是唯一的存在,它们以想象的方式认识自己"(费希特)。撇开意识形态不说,费希特的这句话,对我们认识文学模式、开拓文化视野有着特别重要的启示作用。诚然,文学创作的形式是最需要想象力的,它强化着我们试图改变生活的冲动和创造性,为我们统一精神与物质世界找到一个平衡点和制衡器。于是,周先生在中国文化的浸润中展开想象的翅膀,翱翔在自由奔放的书写时空中,想象是他组合艺术生活中真实人物和结构文本的黏合剂,是他在谋篇布局、遣词造句中蕴涵东方文化和契入西方精神的制胜法宝。这,足以碰撞并迸发出更为绚丽的思想火花,从而为文学创作产生新的裂变元素。

但毕竟,文学创新和一切创造一样是极其艰难困苦的,于周先生来说同样并不那么轻松,加之他由于"受中国传统文艺思想、文学观念影响太深",所以,尽管他也曾"大着胆子变了几变",但终归"有点儿万变不离其宗,差不多还是那么个模样"的味道。这如同文化塑造人的过程,虽然人在这个过程中的理性世界发生了很大变化,但具体的言行却因观念意识的制约而不可能一蹴而就,要经过长久的磨炼甚至是痛苦的蜕变才可能"腹有诗书气自华"。也更因为,作家写出自己的特色不易,但改变既成风格,实现新的转换更难。正像巴赫金所言:"在每一种新风格中都可以看到对某一既有文学风格的所谓反应因素,这种因素是一种内在的论战,也可以说是对异己风格的隐蔽的反风格化……"尽管如此,周先生还是有意识地在《皇天后土》中尝试了新的言说方式并成功实现转型。当时,他为了获取素材,曾多次进驻农村而得以与农民近距离接触,努力以全新的视角去观察、体味、挖掘农民的现实人生,并以新的文学表达形式呈现给世人。从1989年《人民文学》第5期发表其散文《饭场记事》开始,周先生相继推出了一批此类文章,最终结集出版了使他荣获首届鲁迅文学奖的扛鼎之作——《皇天后土》。可以说《皇天后土》是他写作技巧和思想日臻成熟的重要标志以及代表性作品,它所表征的不仅有语言创新和文体转换的意义,更蕴涵着社会历史发展进程中世道人心沧桑巨变的沉重感。

历史告诉我们,话语权历来是社会阶层力量对比关系发生实质变化的突出表现,掌控主流话语权的主体和言说方式的改变,某种程度上昭示着社会生活和语言风格的剧烈变化。而土地与国家的关系,早在《诗经·小雅·谷风之什·北山》中就有反映,诗曰:"普天之下,莫非王土。"可见,土地自古以来属于掌管国家"公器"的王所有,与土地上辛勤耕耘的农民似乎关联不大,而且历史上话语权从来为占有土地的强者——统治者所专有。作为具有独立思考意识的文化人,周先生在尝试新的文学语言的同时,特别关注社会变革、文化递进中生活方式及人性的嬗变,其作家的使命感使他能够在《皇天后土》中赫然为农民立言、颂德、讴歌。这种见识、胸襟和悲悯的人文情怀重塑了中国农民的历史形象,也由此使他为农民行使话语权的文本创造有了文化建构的意义。

他的《皇天后土》选取性格各异的农民,展示他们的文化心理和行事方式的差异而带来命运的迥然不同,再现了众生的悲欢、岁月的无情、大地的深沉,使悠悠岁月的绵延深长、茫茫大地的厚重载物、芸芸众生的喜怒哀乐显得更加实在、深刻、独到,体现出天地人、过去现在未来、社会自然思维的相融相谐、相辅相成。他写农民的朴实无华、大仁至爱、生老病死、酸甜苦辣、所思所想、所念所盼的无怨无悔,有祸福相依的达观明智,有积福行善的因果报应,更有前途命运的不可捉摸。他写出了贫穷的无奈和富有的尴尬以及世事险恶、人心不足、笑贫恨富、嫉贤妒能等纷纭世事、庞杂人生,真切而感同身受;写出了人与命运的冲突、与信仰的对立,其中有希望、希冀和期盼,有愤懑、委屈和挫折,更有哀其不幸、怒其不争的诤言和同情;写出了农民的顽强与拼搏、坚忍与艰辛、固守与退缩、绝望与挣扎的观念、意识、品性和民以食为天、以土为本的多舛命运。酽酽的乡情、浓浓的乡音、幽幽的乡思、淡淡的乡韵超越阶层、跨越时空,淡泊宁静,意味深长,雅致而厚重,内在而质朴。

在《皇天后土》中,思想的旷达、精神的独有、感悟的独特表现出作者对于不确定的世事更加洞明。于是,就有了《世道》中农民对阶层更迭的困惑、渺茫并张扬出不屈的生命意义;还有了《虎背》的至情大爱和沧海桑田的世事无奈,折射出人心向背、兴衰更替的世相本质;更有了《老驴》和《牛事》中人与自然的关系;而《神》、《雷殛》则浸润东方文化与西方"自救有助"的差异;《日子》那优美的"风景画",画出农民个性特征和群体精神的生存根基、演变动力;《扫坑》透出一种为虔诚赎去原罪的悲壮;《死河》使"兴一利,不如除一弊"的智慧隐藏在老庄的伦理中;人整人的悲哀被《哭丧》中"……我要当我爹的(挨整)接班人"的黑色幽默,推向因人性贪婪而争来斗去的无聊中。这些寻常事、平常话的人情汇集和人格展现,使农民对压抑生活的反抗溢于言表,蕴涵着农民的"精、气、神",透着农民的欢乐和悲伤、追求和梦想、奋斗和拼搏,也反映了人的褊狭、自私的劣根性及小农经济意识中的不同价值取向,昭示出人类不甘宿命的精神象征,见证文化流变对人的影响。

其实,无论你信奉何种主义,使用什么思想武器,任何的文本表达和创造都是作者对世界对人生的情感阐释,而且这种阐释是按照自己艺术观去创造符合自己内心图景的精神世界,"理论充其量只是提供了关于对象的局部性"(道格拉斯·凯尔纳),绝对真理从来都是不存在的,"存在的只有变化中的意义"(王治河)。所以,无论构建或消解,最多是把阐释变为阐释本身的乌托邦,即便如存在主义、后现代主义都不能使阐释归于消亡,因此,无论认识论的主、客体对立也好,或是本体论的主、客体平等交流也罢,都概莫能外。

既然如此,说人论事或以事喻理的《皇天后土》,当然应该可以能够营造从思维创新到文学形式、从传统表述到时代话语、从意象表达到言说方式这种述说农民的全新的精神家园,为农民在创造历史中抽象而宏大的具体地位作出新的注解。而且,它说的是父老乡亲的家长里短,论的是同质异构的文化渊源,是一个思想表述和凸显人文精神的再阐释。这种看破世相的人生启迪,是对农村社会中农民那种渴望美好、向往明天愿望的精神灼照,显示周先生跨越文学与品味人生的鸿沟,其写作的寻觅过程,呈现出上善若水、以弱胜强、使民不争、天人合一、天道酬勤、济贫救危等丰厚的文化资源。而且这个有着浓郁乡思、乡恋、乡韵的情感表达的散文本身,也成为中国主流话语的精神塑造、理念铸造和人性锻造的渗透、交融中保留下来的一份当代农民形态的文化标本,并最终凝固、定格为民族生存史中的一个生动画面。

《皇天后土》把人类博爱、扶贫济困的愿望和对人类命运担忧的共同情感融入其间,体现出作家应有的道义感,表现出一种文化自觉的担当意识。周先生把生活的真谛隐含在平淡中,使原汁原味不加修饰和包装的农民说出自己真实的思想和生命的意义。他的近乎白描手法的娴熟运用,使一个个栩栩如生的形象活灵活现,表现出散文体的小说化风格,而且没有故弄玄虚,也没有深奥和不着边际的说教。他长短句的交替使用,使得家常话、书面语贴切、简洁,很有力度,平实的语言由此变得形象、灵动而意境深远。周先生文风的朴素、虚构的真实、诗意的美好,强化着文学审美对人的心灵震撼。作品的主题挖掘在不动声色的叙述中显得随意而淡泊、宁静而致远,字里行间的春秋大义有救赎、行善、坐看人生风云际会的意味。这些情感充沛、情操高尚、情趣盎然的文学意蕴,来自他对人的内心世界的准确把握和对生活的敏锐发现,来自内心的愿景和激越的才情,是一种源于生活而体现心灵、诉诸文字而关注现实、付诸表意而见谅心性的一种精神指认——充满诗情画意和良知正义。如果说"乡土叙事呈现出两张全然不同的面孔——现实的和记忆的",那么现实的乡土惊醒我们的精神,记忆的乡土安放我们的灵魂,而伴随乡土文学的发展一路走来的《皇天后土》,则由于有着汉画像石般的厚重、古朴,注定会以乡土气息浓郁、地域性鲜明和为农民代言的强烈伦理诉求,而成为中国乡土文学的代表并凝聚出楚风汉韵的南阳文化品格。

　　创作《皇天后土》时,周先生已经供职于文联系统。这时近乎专业写作的他,阅读了大量的中外名著。工作、阅读、写作成了他生活的主调,而他的博学使他能够对中外文化作出恰当的借鉴、比较并融会贯通。此时的他惬意地生活在"嫁给散文"的岁月里,得心应手地讲述着他所独自占有的事件价值和故事观感,追寻着散文的根由,自由自在,无拘无束。同时,随着阅历的增加和接受了一些更为新鲜的文艺观点,他的写作能够在认识论、本体论乃至语言论间自由跨越,这使他有了探索尝试更多语言形式的可能。上世纪80年代,结构主义正风行中国,在结构主义叙事学那里,由于"体裁的特征已经不仅仅在作品本身,而是在阅读当中去寻找",因而从结构主义走向后结构主义便显得更加内在而充满张力。这中间,周先生多大程度上受到影响,我不得而知,但我可以断言,一个视艺术为生命的人,他的创造欲和创新性不仅不允许他满足现状、随遇而安,相反,在意欲不断超越自我的周先生身上会表现得更加明显和更为强烈,他在《皇天后土》中充分考虑体裁形式的新奇和平实的叙述以利于与阅读者沟通,也就充分地说明了这一点。

　　我们知道,本体论在文学上主要体现为人对世界本体的诉求渴望。如果没有创作主体对人性的自我审视,就不会存在语言基础之上的文体结构问题,也就不好理解以形式创新为主要研究对象的结构主义叙事学上的本体论。因此每个作家的写作无非是从生活中感悟出心的归属和向往,进而把文学当作解放思想的载体。在此,如果没有对人的情感和心灵的足以呈现,那么文学的价值和作家写作的意义又在哪里呢?对此,周先生说:"我庆幸选择了文学,为他挨过整,受过苦,也得到无尽的快乐、温馨和颇有所慰的成就感。"更有意义的是,他在创作散文集《乡间小路》之后,随着观念意识的发展变化和写作技巧的更加完备,他具备了改变传统写作模式的条件,这使他在《皇天后土》中所采用的口述实录体的散文写作,带有一种革命而不是改良的味道。这种突破既有模式的创立最终在更高层面上成就了周先生。从此以后,他所钟情的散文写作,不仅在手法上更趋成熟和在内容上更具文学色彩,而且更准确地反映了他为生命而艺术的人生追求。雷蒙德·查普曼指出:"许多人在某种不断重视的情况下,采用同一语域,这便创造了文体,文体一旦建立起来就要求使用适当的语域。"可见,正是周先生文体意识的萌发才强化着他怎样写的文学自觉,也才有了与他"使用适当的语域"相符的口述实录体的《皇天后土》。

　　以我看来,《皇天后土》无论在思想深刻性还是在艺术探索方面,都达到了周先生创作的顶峰。然而,这不但没有成为他更高追求的羁绊,而且,他不懈努力的结果,就是仍然维持着他一以贯之的创新精神。正因为有此精神和不懈追求,也更有时代和地域文化的造就,才有了他的散文的本土、本乡、本质的形式特征。尽管此后《豆的系念》、《桥的呼唤》也都还基本上承继了这一话语形式,但无论怎样都体现了他更为看重语言的作用。他说:"中国人称好的散文为美文。这主要指语言。"由此,我们更加理解他"散文的语言尤其不能随便"的观点,也可以看出他对散文语言的探索不遗余力并倾注大量的心血,他在写作中"力争使最少的字词容纳更多的内涵",努力使"句子短些,更能显出语言的节奏感"。而且,他的文本无论是揭示意义或是创新形式,语言都透出鲜活而强烈的生命意识。当然,以他的学识、文字功力和对文学的感悟,《皇天后土》似乎还可有更多更为丰富的表达方式。

固然,知识分子的独立性和创造性,实质上是保证了文化人格健全和独特价值的身份认同。但知识分子的作家身份除却体现文字创造之外,更应该有更多的人文情怀和责任担当。明白地说,作家不是评判家和专门的道德卫士,我们当然不能要求文学解决世俗问题,但文学即人学又意味着它不能离开社会关系总和的人。所以,文学更主要的应该是呈现或提出问题,不需要给出明晰答案,而且,这种呈现既应该表现为超拔、脱俗的形式创造,又不疏离现实生活。实际上,对世相的复杂阐释正可以生产文学,模糊、迷茫、暧昧天然与文学密不可分。因此,作家对社会的发言应偏重在结构语言模式、正视世道人心、进行精神建构和美学探索上,要竭力避免写作仅有伦理观而无审美感,那样的写作缺少文学慧根而没有形式感。同时,散文也应是散淡、随意和五味杂陈、意味深长的。正像巴·略特所言:"如果散文缺乏趣味的调料,没有快乐的企图、讽刺、傲慢和幽默,那就一钱不值。"但这一切又必须是内在而深沉的,绝不是浅薄的哗众取宠的噱头。特别是作家更应该在共有的时代观念中凭借经验、细节来表达自我,正是自我的思想感悟、现实发现和文化记忆的交相辉映启发着创作灵感。在《土地梦》中,周先生用细节化、个性化的东西来加固着他的文字基础,以自己对土地及土地之上的人的思考和独有发现,来撑起更为宏大的思想叙述的表达空间。实际上,越是个性化的东西越容易体现自由的心性并获得自由的心境,越容易在碎片感中凸现更多的触角,以获取广泛的接触碰撞机会,从而更易于产生和发挥出能够给文学创作带来持久魅力的个性化、陌生感的作用。

真的要做到这些实属不易。多元、承认差异、不走极端是后现代主义得以风靡一时的存在依据。面对曾经盛行的语言论,我们扪心自问,文学除却负载心灵情感之外,还有没有结构主义所谓的阅读参与的内外沟通的疆域?如果有,那么现代主义像卡夫卡的顶峰怎样逾越?如果没有,那么后现代主义的世俗化的大众写作又该作何解释和如何应对?它又延续和阻断了什么思想交流和情感互动?对于这些问题的文学实践各不相同,但周先生毕竟是他自己,他的独一无二使他的语言始终在本体论与认识论间徘徊并着意于陌生化处理,从不逾越心灵和情感边界而使文字成为言不由衷的附属,他作品的字字真、句句善、篇篇情使"爱蜕变成了习惯,成了兴趣,成了生活方式甚至成了生命状态"。这正像王阳明所说:"心即理也。天下又有心外之事、心外之理乎?"既然天下无心外之理,那么,用心用意乃大道,如果作家都能用灵魂和血肉书写,那么,他执着的精神世界便足以十分强大和丰富多彩,在内心可超越自我,于文学则能以"道外无事,事外无道"(陆九渊语)来论理。果真能把思想不经意间散淡地指派入字里行间,使跳跃的语言生长在思维和存在的关系中并直抵文学的内核,那自然就能成为有道义良知和社会责任感的作家。

　　人类存活在对本真的向往与天不变、道亦不变的对立中,稍有偏差和不慎,生活就总与生存的理念相悖,人就可能迷失自我而异化为他者。这虽然与形而上可以有多维阐释并能够修正我们与生俱来的品性有关,但太过理想化的结局又容易使自我丢失而与梦想达成一致。特别在生活与艺术的区别正在悄然抹平、金钱和权力的统治与日俱增的今天,多元的思想丝毫也没有抵挡住人们对权力和金钱的贪得无厌,更没有消解思维的僵化所带来的生活的呆板、教条和乏味。所以,当功利成为时尚,世故便成为正当。但世俗的上帝死了,艺术的上帝却应该活得更好,因为思想对存在的认知毕竟可以通过艺术而得到更好的传播和贯彻,文学正可使人去梦幻人生。实际上作家只要用超越人类之上的眼光看待人世,用反思去剔除和颠覆集体无意识中的固有观念,把负有原罪的自尊降低到应该赎罪的地步,就会使我们在无意的评判间拥有崇高而发现自我。周先生正是有了这样的认识,他的《古典的原野》对农村、农民的思考才摆脱了个人恩怨的简单呈现,具有了超越善恶的悲悯情怀,这是人格平等、渴望救赎的文化认同,是道义上的感同身受。

　　一个作家的精神能量与他的视野和境界及艺术追求有关,这也关乎他艺术手笔的品格。我能够理解但不太认可缺乏情感和心灵的形式之上的叙述圈套,因为它套牢的是形式的表象,丢失的却是价值的根本。事实上,上世纪80年代文学的语言实验、形式探索,之所以没能把相当极端的高潮继续下去,这恰好证明了先锋派回归的必然。特别那些所谓身体写作,充其量不过是时代书写的简单化的表意符号。换句话说,文学终归还应当回到心灵去指证生活,因为,毕竟道德来源于人们对真理的追求和信任,这恰如本能的驱使。所以,文字在获得文学的资格后也应当出示伦理,不论是实体的还是形式本身的,尤其在"上帝死了"的当下更有必要。正因为"上帝死了"使信仰的最终评判者缺席,一切皆有可能而通行无阻,一切混乱无序而无从谈起,存在可能成为存在论的异己而被诛杀。所以,作家的根本大道更要体现生命意识、审美价值和正视存在的担当责任。只有正视存在,才能拒绝托词和粉饰太平,才能呈现以灵魂直逼现实的姿态,才能既思考表象背后的真实,又能把握"使作品成为作品"的本质属性,追寻有限经验与无限认知相分离的因缘,进而发现时间成全了存在却销蚀着存在的本色,内在地显示艺术世界并使写作的精神落到存在的实处。如果真的写出了康德对人生概括的那四句话,即"我要知道我是谁,我要知道我知道什么,我要知道我做了什么,我要知道我有什么盼望",那这样的文字自然就有了存在的意义。

有存在意义的文字在周先生的散文中比比皆是。毫无疑问,他把人对生命的敬畏、珍视以及人与人之间的相互依赖写得情真意切,把对农耕文明的记忆、传统文化的追忆及其对人的熏陶写得意味深长。这些充满阳光的文字,不但照亮我们前进的道路,也温暖着我们的内心,更可以安放我们时刻被欲望和浮躁挤对得没有着落、四处游荡、难以消停、疲惫不堪的灵魂。

当然,无论从哪个意义上说,我们仍然有理由希望,周先生若能像他所拥有的中国传统文化功力一样,关注和占有更多的西方文化资源那会更好。另外,他如果能够加大对现代社会生活的切入深度,在《皇天后土》中多一些更为深刻地表现权利在农村基层如何运作及其对农民心理层面的影响就更有意思了。当然,这些缺憾并不影响他已有作品的文学品质。

周先生说:"活儿还要继续干下去,仍如侍弄庄稼的农夫,一息尚在总要劳作。"是的,有大境界才能有大自在,有大自在才会真诚朴实、温馨从容,这就是周同宾。我坚信,对文学挚爱并深得艺术真谛的他,一定还会在风格创新方面拿出更好的东西。

忠贞于文学的他还在思考,还在前行……

选自《见证风雅》,河南文艺出版社,2013年

关于周同宾
——《中国散文通史·当代卷》中关于周同宾的论述

刘锡庆

  周同宾（1941—），河南社旗人。出版有散文集《乡间的小路》、《葫芦引》、《铃铛》、《情歌·挽歌》、《周同宾散文自选集》（4卷）和《皇天后土——99个农民谈人生》、随笔集《绿窗小品》、文论集《唱给文学的恋歌》等。系列纪实散文《皇天后土——99个农民谈人生》是其代表作。

  周同宾的散文大多叙说农村生活，关注乡村的变化，关怀农民的心声。作品弥漫着浓郁、质朴的乡情、乡韵、乡思和乡愁，内容丰饶，情感真挚，语言凝练，风格质朴，有深沉的历史感和浓烈的泥土气息。

  周同宾的散文创作大致可分为三个阶段，即80年代中期以前、80年代中后期和90年代初期以来。

  80年代中期以前，周同宾的散文创作追随"杨朔散文模式"，作品的模仿、应景痕迹明显。始于60年代就开始散文写作的他，坦陈"我也是照着杨朔式的散文描红起家的"。比如他写于80年代初期的散文《迟桂花》，其结尾写道"你就是一棵迟桂花！……梦中，我看见了金色的迟桂花，放着馥郁的花香"，这无疑是《荔枝蜜》的翻版。这样的写作惯性，显然制约了周同宾的创作才情。超越自我之艰难不言而喻，但周同宾努力调整，直至80年代中后期才得以实现涅槃。

  80当年中后期，随着改革开放的进一步深化，知识界对社会、人生和人性等问题的反思和追问日渐深入，"伤痕"、"改革"和"反思"等文学样式风生水起。周同宾作为受过高等教育的"知性"作家，作家应有的深沉的人文良知唤醒了他"沉睡"的艺术才华，他的笔端流淌着严肃、深刻的理性批判意识。作为一个生于乡村的农民之子，周同宾自然首先将批判的笔触聚焦于"乡村"。他洞察了与改革开放相伴生的现代文明对于乡村文明的激活与颠覆，洞悉了乡村的落后、自私和狭隘（比如《情歌·挽歌》），体察了遭受现代文明话语霸权胁迫的乡村的无奈。他尤其关注质朴的乡土人情的异化。比如《乡居日记》一文中揭示了农村女孩"不如牲口"的卑微、凄恻的命运。至此，周同宾散文创作彻底摆脱了"杨朔模式"。

  90年代初期以来，中国商品化经济大潮汹涌，文学的理想主义情怀难以抵抗"市场"的嚣声,传统的人文精神不得不面临土崩瓦解的命运。与"一切向前(钱)看"的时尚观念相伴生的,则是对"小我"的极度重视。沉溺于"物质化"、"世俗化"的人们更多地关注"自我"的存在。在一个没有英雄也无需英雄的时代,一部分具有坚执的理想主义精神的作家自知不能"兼济天下",却不愿随波逐流。他们希冀通过"独善其身"来实现对人文意识和精神家园的守望。周同宾此时期的散文创作就是此种情状的表征。于是,他不再执着于书写"乡土",转而书写"自我",因为他所感知到的是"突然有许多关于我自己的话想说,说我的环境和心境生存和生命"。他采取"内心独白"的方式"把这个真实的我展示出来,或许可以为茫茫大寰提供一个卑微的参照系,让高大者更显出其高大、精能者更显出其精能,让和我同样平凡的芸芸众生能从中得到一丝丝慰藉"。比如,在《书的情话》中他自得于"书呆子"这一绰号,表达了不求升官发财唯愿墨书相伴的平淡情怀。90年代中期以来,周同宾的散文创作回归"乡土",寻找"生命之根"。他说:"我的根,在农村。离开农村,就像树苗断了根,我就不自在,没了魂似的。好比我老家门口那棵结榆钱的树,只适宜长在那并不肥沃的离子瓣儿似的黑土里,拔出来挪一挪,恐怕就会黄,就会死。"基于这样的写作动机,他开始书写社会变革中的"乡土"特色,从而完成了系列纪实散文《皇天后土——99个农民谈人生》。作品采用"口述实录"体,描写了99位农民的人生遭际和悲欢离合。无论是在题材开掘,还是在形式创新等方面,皆具突破性意义。

选自《中国散文通史·当代卷》,安徽教育出版社,2013年

用"真"唱给农民一曲绵绵的歌
——论周同宾散文

袁栋洋

中国社会的现代化推进,中国新的民族文化共同体的塑造,无不与中国农业大国的农民密切相关。"五四"时期,周作人平民文学的提出,20世纪30年代大众化的建设,40年代讲话精神为工农兵服务的战略意义,50年代的土地改革,80年代初的改革开放,90年代城乡交替转制,世纪初的三农问题,时代每推进一步,无论从政策,还是从文化形态的取向上,农民始终是中国进程中的重大问题。纵观历史,时代的号角总是以农民问题作为一个显性的大问题的解决显现中国现代化进程的速度。作为反映时代的文学而言,20世纪20年代以来产生的乡土文学,它以旺盛的生命力横穿整个世纪,以压倒一切的强势成为主流文学的主脉,从不同侧面反映农民、农村生活题材的杰作浩如烟海,滔滔不绝,扑面而来。

在浩如烟海的农村、农民生活题材的乡土文学描写中,小说越来越形成压倒其他三种体裁的噱头而独霸文坛的状况,尤其"散文对现实的东西和国家、老百姓命运的东西反映较少。比如反映百姓的幸福与痛苦、欢乐与悲伤,直击百姓命运的作品,我们在其他方面都可以看到,并且遍地都是,但是在散文作品中看到的很少。散文作品见到的多是亲情、友情和乡情,多是自然风光、风物、人文、历史,多是自我呢喃和自恋,这不能不说是一种遗憾"[①]。但是,"离土离乡,已经多年。领的是国家俸禄,过的是城市生活,头上戴着知识分子的冠冕。可身上那些土味,仍然不褪。禀性习性、人格品性、气质气度、情趣志趣,几乎还都是农民那一套"[②]的周同宾作"土文章",一往情深地吟土地之歌,他用"真"唱给当下农民一曲绵绵的歌。周同宾的散文以自我农村人"真"身份感受的体验,以"真"的口述实录体的形式唱出了当下农村农民"原生态的自己"。

---

① 彭学明:《中原大地上的散文风貌与风骨》,《南方文坛》2011年第5期。
② 周同宾:《周同宾散文》,河南文艺出版社,1999年。

一、"真"的农民身份感受

千百年来,贫困、灾难与愚昧似乎与农民结下了不解之缘,农民一向求得"采菊东篱下,悠然见南山"的小家平和日子,却总是无法与现实的贫穷摆脱关系。"五四"新文学传统以启蒙文学的话语把无言沉默的农民放诸被启蒙对象的位置,"农民的生活、情感、心理诉求只有通过知识分子'代言'才能实现"。"作家的价值立场普遍远离农村,缺少农民的生存体验,有着明显的历史预设痕迹。因此,大量的乡土文学中充斥的都是某种回忆式书写,鲁迅式的批判也好,沈从文式的美化也罢,抑或是赵树理、柳青、周立波的不乏意识形态色彩的颂歌式书写,总是'隔'着'世界'在看世界的感觉,大众化始终未能从'化'的表面掘入'写'的肌理之中。"①在农村度过青春期的周同宾18岁离开家乡上学、工作,后来每年都回到家乡体验观察生活,"他的生活习惯、价值取向、行为准则、道德规范甚至是思维方式都受到'乡村文化摇篮'的浸染"②。

在物欲横流,名分、名誉压倒一切的当下市场经济环境之下,周同宾守护着农民身份的本真,以"自下而上"的方式书写着农民自己的歌,实现"作为老百姓的写作"和只为"老百姓写作"的文学理想。每个农民都是一篇鲜活的文章成就了周同宾"把形形色色的农民,一个个写下来,为当代做个记录,为后世留下档案"③的文学理想。把农村的一种真实、农民生活状态和心理状态原生态般地绵绵地歌唱给了中国大地,从而也为周同宾带来了收获。

周同宾在《情歌·挽歌》自序里说:"我是农家子,对农村农民,一直怀有一腔热情。自打学会做文章,开笔便写农村和农民。虽然住进了城,吃上了公粮,心还留在农村。"所以觉得"农村比城市更美,农民比市民风俗更淳,但是农村比城市更贫穷、更落后,农村人比城市人更苦、更累、更少文化而多愚昧"。他进一步以农民口吻说:"咱就是这命,一辈子离不开土,土里生,土里长,土里刨食,死了还睡到土里化到土里。"④这种对土地的执着仿佛看到艾青"为什么我的眼里常含着泪水,因为我爱这土地爱得深沉"般的壮烈。

---

① 刘忠:《"底层文学"与"十七年文学"的对接与歧异》,《贵州社会科学》2001年第10期。
② 王劲松:《情歌与挽歌:周同宾的故乡情结》,《当代文坛》2005年第4期。
③ 周同宾:《周同宾散文》,河南文艺出版社,1999年。
④ 周同宾:《周同宾散文》,河南文艺出版社,1999年。

二、"真"的文体方式表达

周同宾以农民的体验情感书写着农民自己的故事。为了更宜于再现农民生存的现实状态,他用口述实录体的创新散文方式讲述着来自农民内心真实的声音。谈到获奖作品《皇天后土》创作时,周同宾说:"让农民自说自话,说出原生态的自己。"因此,真实是口供实录体生存的基础,而周同宾以这种文体真实地传达出了当下农民的生存状态、情感波动、心理活动、人生命运的转折等等现状,改变了当代文坛中农民总是被"隔"着世界在看的状况,成就了一个全新的真实的来自农民心声的新世界。

"不难看出,在引起广泛关注的口述实录文学中作为讲述者的,几乎清一色的是一些小人物。"[①]并不是说,小人物成为实录体的叙述而被关注,而是"小人物"是一些普通的人物。在农村,小人物是构成这个世界的主角,他们言谈举止反映着小人物"小"的思想。同时,这个"小"又是整个农民构成农村世界的反映。一个"小"的问题、一个"小"的心理变化,关乎几千年农民一直都追求着的整个中国未来的希望。这个"小"很具有代表性,反映中国整个农民世界的"小",也是推动中国社会进程的"小"问题中的最大的大问题。周同宾在《皇天后土——99个农民采访记》自序中说:"最好是为每个农民写篇传记,记其生平事略,兴衰际遇,所喜所忧,所愿所憾。考虑再三,决定让每个农民都说一席话;说身世,说生活,说一个人,说一件事,发一番感慨,发一通牢骚,均可。可以从中看出农村的一种真实、农民的生活状态和心理状态。这是很有意思的。"[②]"有意思的是"大概是周同宾豁然有一种发现写作农民"小"的琐琐碎碎的文学创作是别人没太注意到的现象,这种连带农民衣衫褴褛的行头和不堪载入史册的农民俗事的先例,被周同宾仿佛有天将降大任于斯人的颇为神圣的使命感所接受,并为之付出一生的心血。

周同宾的散文就是从"小"处着手,讲述着农民吃喝拉撒的形而下的俗之又俗的生存艰难、经济贫困、娶不上媳妇等等琐碎的看似小的问题,但是这个"小"里蕴含着几千年农民辛酸的泪水,在芸芸众生中,他们抗争着或屈从着历史、时代、变革带给他们难以掌握的命运。周同宾以他独创的文体唱出一曲"真"的歌,唱给了农民、农村,也唱出了几千年的中国农业大国的历史,更重要的是唱

---

① 习琲:《网络媒体中口述实录文学异化现象初探》,《文教资料》2007年第26期。
② 周同宾:《周同宾散文》,河南文艺出版社,1999年。

出农民适应生存、适应改革的不屈不挠的精神。

三、"真"的生存方式的反映

　　周同宾在《破碎的土地梦》里这样描述几千年来中国农民现实的实景："他们爱土地,耕作精细,尽心尽力侍弄,尽情尽意伺候。一幅黄昏后农民耕作图表现出中国农民的坚毅、勤勉,对土地深深依恋,对生活苦苦追求,而且具有文化的意义。土地给人的,并非只是衣食,还有心灵的慰藉、生命的依傍。士农工商中唯农民最苦最累。父亲对于土地的梦是农民生活现实的梦。他不惜重金买进土地,流更多的汗,出更多的力,即使自己忙不过来招来长工也都是东家带头干活儿,不会产生好逸恶劳、坐享其成的念头。因为种田人最有同情心,种田人最可怜种田人,但种田人随着土地政策的风吹草动,依然是最为受苦难摆动的大多数人。"因为周同宾土生土长在农村,他从农民内心出发,表现出社会时代变化之下农民的新问题,社会如何处在轰轰烈烈的动荡不安中,最底层农民大众身上的精神焦虑,他们生活的困顿,内心当中的纯朴,以日常生活中点点滴滴的小事、普通事写出20世纪八九十年代以来农村生产关系变化之后的农民原生态。这种"自下而上"以平视的眼光折射出来的农村生活是一种不带"民族国家共同体"意识形态下知识分子俯视的想象,它是农民真人、真事、真实现实"小"我的精神存在。

　　周同宾散文对农村"真"的生存状态的反映,主要体现在原生态般地写出农民物质生存的贫困。放眼看他的《皇天后土》,一个个活脱脱的农民大部分都披着贫困的外衣,不是穷困得叮当响,就是孩子老婆吃不饱,或者集体都娶不到女人。贫穷似乎成就农民的勤劳、朴实,反过来勤劳的农民又不愿意也不敢离开农村。他们扎根于土地,刨食于土地,热恋于土地。社会的转型与时代的发展,农民生活有所改善,大部分农民已经摆脱生存的困境,迈向奔入小康的道路。但是,"比较而言,农村比城市更贫穷、更落后,农村人比城市人更苦、更累、更少文化而多愚昧;农民的苦、甜、酸、辣,农民的喜、怒、哀、乐,便更有历史的沉重感。正由于历史原因,农民的命运便总有一种浓浓的悲剧色彩。虽然他们往往想不到这点。世事沧桑,新旧代谢。新事物出现,旧事物消失,这无疑是进步。但是,失去的有的该失去,有的不该失去。不该失去的,竟失去了,难再恢复。该失去的依然存在,且还要往下发展。这是无可奈何的,总使人感慨不已"。[①]

[①] 周同宾:《周同宾散文》,河南文艺出版社,1999年。

由于农民千百年来一直处于贫穷状态,他们的思想不免就带上守旧、宿命的精神弊端。周同宾散文一方面寄忧郁于农民的现状,同时哀其农民不能正视现实、自私狭隘、不思进取的落后思想,引起作者极度的痛心。如自己挣了大钱却生不出儿子,借朋友与老婆怀孕生下继承人的毛栓;祖宗八代寄牲口牛的功劳过活的李来成;为守护土地和丈夫留下的后代活活累死的桃花张氏;熬寡四十年无怨无恨的屈巧儿;适应不了新时代农村发展变化误以为暴发户演电影是人心不古、世风不正的耿世臣,等等。周同宾说:"他对农村、农民有一种复杂的情愫,既爱又忧,既喜又悲,一边眷恋,一边叹惋,眷恋和叹惋里尚有真切的希望。"①也许正是由于这种愿望,周同宾让农民走上舞台,让他们自己的言行和欲望说话,让农民自我审视、自我唤醒,展现农村真实的生活,也为当代留下了农民真实的档案。

正如许多作家所言,创作必须发自肺腑,具有当下关怀和终极关怀,否则写作者就不是作家而只是一个垒文字的写手。在这个意义上,周同宾闪烁着农民本真的肺腑之言,热烈关注着当下农民的生活、精神状况,喜爱之情蕴藏着淡淡的忧愁,为当代农民、农村、农业的新农村建设注入了新鲜的血液。

原载《安徽文学月刊》,2013 年第 2 期

---

① 周同宾:《周同宾散文》,河南文艺出版社,1999 年。

作品年表

周同宾创作年表

1958—1979 年

《茶水的秘密》（散文），《南阳日报》1958 年 11 月 30 日。
《爷爷的手》（散文），《河南日报》1964 年 1 月 9 日。
《散文二题》（《日出》、《一杆旱烟袋》）（散文），《奔流》1965 年第 5 期。
《老支书的粪筐》（散文），《河南日报》1973 年 7 月 15 日。
《开电磨》（唱词），《河南日报》1974 年 1 月 13 日。
《炉火通红》（唱词），《河南文艺》1976 年第 1 期。
《校园钟声》（散文），《河南文艺》1976 年第 3 期。
《春》（散文），《河南文艺》1977 年第 2 期。
《泥》（散文），《河南文艺》1977 年第 6 期。
《洪湖战旗红》（三弦书），《南阳文艺》1978 年第 2 期。
《手——下乡散记》（散文），《河南日报》1978 年 4 月 9 日。
《公社月夜》（散文），《河南日报》1978 年 8 月 13 日。
《避雨记》（唱词），见《曲艺集》，南阳地区文化局，1979 年。
《雨》（散文），《奔流》1979 年第 2 期。
《三考新郎》（唱词），《曲艺》1979 年第 5 期。
《四十五亩花生》（三弦书），《南阳文艺》1979 年第 9 期。
《小屋向阳》（曲艺唱词），河南人民出版社，1972 年。

1980 年

《闺女想出嫁》（三弦书），《河南青年》1980 年第 1 期。
《庐山上书》（唱词），《河南日报》1980 年 1 月 26 日。
《石乡纪事》（散文），《郑州文艺》1980 年第 2 期。
《抓"纲"记》（鼓词），《河南戏剧》1980 年第 5 期。
《啊，老师》（散文），《牡丹》1980 年第 6 期。
《雨过天晴》（小说），《河南日报》1980 年 8 月 31 日。

1981 年

《豌豆谣》（散文），《梁园》1981 年第 1 期。

《合户》(三弦书),《河南农民报》1981年4月29日。

《脚印》(散文),《河南日报》1981年8月16日。

《芯之歌》(散文),《河南日报》1981年11月1日。

《张衡墓情思》(散文),《河南日报》1981年11月26日。

《梨花院》(散文),《奔流》1981年第12期。

1982年

《笑语满村庄》(河南坠子),《河南戏剧》1982年第1期。

《醉花荫》(散文),《奔流》1982年第2期。

《访竹小记》(散文),《河南日报》1982年8月19日。

《神曲》(散文),《奔流》1982年第10期。

1983年

《看云》(散文),《百花园》1983年第1期。

《竹之忆》(散文),《奔流》1983年第1期。

《还乡散记》(散文),《人民文学》1983年第1期。

《拆墙记》(大调曲子),《河南曲艺》1983年第1辑。

《夸婆家》(唱词),《曲艺》1983年第2期。

《看梨》(河南坠子),《曲艺》1983年第3期。

《抓纸蛋儿》(三弦书),《豫苑》1983年第3期。

《井台纪事》(散文),《河南日报》1983年3月24日。

《林歌》(散文),《莽原》1983年第4期。

《交钥匙》(三弦书),《豫苑》1983年第6期。

《游丝》(散文),《上海文学》1983年第6期。

《雨丝》(散文),《奔流》1983年第6期。

《伞》(散文),《河南日报》1983年7月26日。

《球趣》(散文),《河南日报》1983年9月22日。

《故乡月儿圆》(散文),《时代的报告》1983年第10期。

《乡间小路上》(散文),《奔流》1983年第11期。

《弟兄俩》(唱词),《河南农民报》1983年12月28日。

1984年

《乔木三章》(散文),《文学》1984年第3期。

《柏·碑·草——南阳三记》(散文),《奔流》1984年第3期。

《瓦盆》(散文),《作家》1984年第4期。
《乡桥志》(散文),《奔流》1984年第4期。
《九曲桥步月记》(散文),《牡丹》1984年第5期。
《马蹄塘纪事》(散文),《奔流》1984年第5期。
《石碾之歌》(散文),《散文》1984年第7期。
《铃铛》(散文),《文学报》1984年第9期。
《崂山雨》(散文),《奔流》1984年第10期。

1985年

《夕暮》(散文),《人民文学》1985年第1期。
《路灯》(散文),《散文》1985年第3期。
《故乡三镇》(散文),《奔流》1985年第4期。
《童心·青春·哲理——读王俊义的散文》(文学评论),《河南日报》1985年7月25日。
《乡情》(散文),《延河》1985年第7期。
《故里三丑》(散文),《奔流》1985年第9期。
《桥的呼唤》(散文),《河南日报》1985年9月26日。
《榴花村二题》(散文),《作家》1985年第10期。
《菱姑》(散文),《解放军文艺》1985年11月号。
《他的微笑他的点头》(散文),《向阳花》1985年第12期。

1986年

《纺车儿》(散文),《人民日报》1986年1月14日。
《雪晨小记》(散文),《草原》1986年第4期。
《剃头挑儿——乡情散记》(散文),《朔方》1986年第4期。
《故乡人物记》(散文),《奔流》1986年第4期。
《访石记》(散文),《散文》1986年第9期。
《翠微岭下斑竹泉》(散文),《现代作家》1986年第9期。
《旱船、高跷》(散文),《福建文学》1986年第10期。
《枣林情》(散文),《河南日报》1986年11月20日。
《山行笔记(二则)》(散文),《朔方》1986年第12期。

1987年

《乡居散记》(散文),《奔流》1987年第3期。

《山水二题》(散文),《草原》1987年第4期。
《阮记豆腐店》(散文),《随笔》1987年第5期。
《秋日三章》(散文),《作家》1987年第6期。
《麒麟地》(散文),《南方民俗》1987年第7期。
《货郎担儿——乡情散记》(散文),《朔方》1987年第9期。
《乡间的小路》(第一本散文集),黄河文艺出版社,1987年。
《端午·七夕·中秋》(散文),黄河文艺出版社,1987年。

1988年

《原野二章》(散文),《青年作家》1988年第2期。
《乡居日记》(散文),《奔流》1988年第2期。
《老豆腐店的新故事》(三弦书),《传奇故事》1988年第2期。
《谈散文〈马蹄塘纪事〉》(散文),《新闻爱好者》1988年第2期。
《春野》(散文),《百花园》1988年第3期。
《乡桥志》(散文),《散文选刊》1988年第3期。
《周同宾散文特辑》(散文集),《散文选刊》1988年第3期。
《歌谣的黑土地》(散文),《山西文学》1998年第3期。
《散文的美及其它》(散文),《南都文坛》1988年第4期。
《散文的困窘》(散文),《散文选刊》1988年第8期。
《广贮词汇做富翁——习文零札之一》(散文),《新闻爱好者》1988年第8期。
《北垩》(散文),《现代作家》1988年第9期。
《祭幺婶文》(散文),《奔流》1988年第9期。
《九曲滩》(散文),《人民文学》1988年9月18日。
《六月雨》(散文),《河南日报》1988年10月12日。
《阴阳之道——还乡琐记》(散文),《河南日报》1988年11月16日。
《散文的美的思絮》(散文),《美与时代》1988年第12期。

1989年

《葫芦》(散文),《散文百家》1989年第1期。
《"将活人的唇舌作为源泉"——习文零札之二》(散文),《新闻爱好者》1989年第1期。
《阉牛人记》(散文),《奔流》1989年第2期。
《删繁就简 以少胜多——习文零札之三》(散文),《新闻爱好者》1989年第

2期。

《桧木》(散文),《报告文学》1989年第4期。

《诚则灵——散文谈片》(散文),《新闻爱好者》1989年第4期。

《饭场记事》(散文),《人民文学》1989年第5期。

《秋夜二章》(散文),《草原》1989年第6期。

《"素面朝天"——习文零札之四》(散文),《新闻爱好者》1989年第6期。

《皇天后土》(纪实文学),《奔流》1989年第7期。

《噵白——习文零札之五》(散文),《新闻爱好者》1989年第8期。

《无师自通——习文零札之六》(散文),《新闻爱好者》1989年第12期。

1990年

《农村人物素描》(散文),《莽原》1990年第1期。

《文学是愚人的事业——习文零札之七》(散文),《新闻爱好者》1990年第4期。

《土地爷》(散文),《随笔》1990年第5期。

《喜老头儿》(散文),《散文百家》1990年第6期。

《一个人》(散文),《散文百家》1990年第6期。

《练好基本功——习文零札之八》(散文),《新闻爱好者》1990年第8期。

《浪四儿》(散文),《山西文学》1990年第9期。

《百步之内　必有芳草——习文零札之九》(散文),《新闻爱好者》1990年第9期。

《以土为贵——习文零札之十》(散文),《新闻爱好者》1990年第10期。

《吾土》(散文),《散文》1990年第10期。

《葫芦引》(散文集),百花文艺出版社,1990年。

1991年

《梦桃》(散文),《河南画报》1991年第5期。

《乡村纪实》(散文),《人民文学》1991年第5期。

《那一串儿脚印》(散文),《中流》1991年第9期。

《篱边小说(二题)》(散文),《百花园》1991年第12期。

《伏牛山骑驴记》(散文),《文艺报》1991年第13期。

《文学书简(100则)》(散文),《新闻爱好者》1991年第2期、第5、第10期、第11期、第12期,1992年第1期、第2期、第3期、第5期、第6期、第8期、第9期。

《铃铛,丁当,丁当》(儿童文学散文集),海燕出版社,1991年。

1992 年

《皇天后土》(散文),《清明》1992 年第 1 期。
《舞龙人记》(散文),《人民文学》1992 年第 2 期。
《寻美行脚·星星》(散文),《河南画刊》1992 年第 2 期。
《祭文二篇》(散文),《十月》1992 年第 3 期。
《凡山俗水》(散文),《天津文学》1992 年第 3 期。
《信札一束》(散文),《美文》1992 年第 4 期。
《祭拐四奶》(散文),《散文选刊》1992 年第 4 期。
《轩辕谷记洞》(散文),《朔方》1992 年第 5 期。
《冷月》(散文),《河南画报》1992 年第 8 期。
《乡野竹林记》(散文),《大时代文学》1992 年第 9 期。
《寻不出散文的月夜》(散文),《散文百家》1992 年第 9 期。
《散文要还俗》(散文),《散文百家》1992 年第 11 期。
《寻美行脚·旷野》(散文),《河南画报》1992 年第 11 期。
《芳草》(散文),《河南画报》1992 年第 12 期。

1993 年

《寻美行脚·竹缘》(散文),《河南画报》1993 年第 2 期。
《花事散记》(散文),《散文天地》1993 年第 3 期。
《咏物篇》(散文),《文艺报》1993 年第 4 期。
《京华日记》(散文),《散文百家》1993 年第 5 期。
《读石》(散文),《十月》1993 年第 6 期。
《皇天后土(纪实文学)——99 个农民采访记》(散文),《朔方》1993 年第 6 期。
《篱边小说(八题)》(散文),《百花园》1993 年第 8 期。
《魂断黄叶村》(散文),《朔方》1993 年第 10 期。

1994 年

《天很近,城市很远》(散文),《美与时代》1994 年第 2 期。
《凡人书简》(散文),《中华散文》1994 年第 6 期。
《水帘寺三札》(散文),《散文百家》1994 年第 6 期。
《平凡人生与平凡文章》(散文自述),《散文选刊》1994 年第 8 期。

《兰建堂及其曲艺创作》(散文),《曲艺》1994年第8期。
《情歌·挽歌》(散文集),中原农民出版社,1994年。

1995 年

《关于书》(散文),《黄河文学》1995年第1期。
《漫说亲戚》(散文),《河南画报》1995年第1期。
《奇事三桩》(散文),《传奇文学选刊》1995年第2期。
《皇天后土:99个农民采访记》(散文),《峨眉》1995年第2期。
《赵大发宰牛》(散文),《小小说选刊》1995年第3期。
《读齐白石》(散文),《东方艺术》1995年第3期,《朔方》1995年第7期,《散文选刊》1995年第11期。
《水帘寺早课》(散文),《莽原》1995年第4期。
《烟的琐话》(散文),《河南画报》1995年第5期。
《醉花荫》(散文),《河南画报》1995年第5期。
《读脸札记》(散文),《民主》1995年第7期。
《闲读偶记》之《周作人散文选集》(散文),《新闻爱好者》1995年第9期。

1996 年

《盘古记游》(散文),《散文选刊》1996年第6期。
《闲读偶记》之《莎士比亚传》(散文),《新闻爱好者》1996年第7期。
《饭事三忆》(散文),《散文选刊》1996年第8期。
《皇天后土——99个农民说人生》(系列纪实散文集),漓江出版社,1996年。
《唱给文学的恋歌》(文论集),文心出版社,1996年。
《绿窗小品》(散文集),文心出版社,1996年。

1997 年

《一日三件事》(散文),《九州诗文》1997年第1期。
《远村风景》(散文),《牡丹》1997年第1期,《山西文学》1997年第2期。
《山水意绪》(系列散文),《九州诗文》1997年第3期。
《论文小语》(散文),《新闻爱好者》1997年第3期。
《闲居小品》(散文),《中华散文》1997年第4期。
《土地梦》(散文),《北京文学(精彩阅读)》1999年第7期。
《画的梦》(散文),《朔方》1997年第8期。

《无尘居尺牍》(散文),《长江文艺》1997年第9期。

1998年

《小城风景》(散文),《公安月刊》1998年第2期。
《歌谣的黑土地》(散文),《山西文学》1998年第3期。
《暑天日记》(散文),《九州诗文》1998年第3期。
《石头三记》(散文),《中华散文》1998年第3期。
《旅途看树》(散文),《散文》1998年第4期。
《魂牵梦绕地方戏》(散文),《河南戏剧》1998年第5期。
《童年(二题)》(散文),《九州诗文》1998年第5、6期。
《我的文学路——往事八章》(散文),《新闻爱好者》1998年第10期。
《农民讲述的人生》(散文),《书摘》1998年第10期。
《文章有真假:细柳营札记》(散文笔谈),《人民文学》1998年第11期。
《周同宾散文自选集》(散文集),河南文艺出版社,1998年。

1999年

《阳春日记》(散文),《新创作》1999年第1期。
《山居三札》(散文),《散文》1999年第1期。
《金毛儿·凶宅》(节选自《细柳营札记》)(散文),《散文选刊》1999年第1期。
《疯话·河南》(散文),《热风》1999年第4期。
《父亲与土地》(散文),《人民文学》1999年第7期。
《大山的系念》(散文),《九州诗文》1999年第38期。

2000年

《大红的双喜字》(散文),《东京文学》2000年第1期。
《鸢尾花》(散文),《河南税务》2000年第2期。
《乡村的树》(散文),《朔方》2000年第2期。
《牛啊牛》(散文),《散文百家》2000年第2期。
《古典的原野》(散文),《牡丹》2000年第4期。
《怡园记》(散文),《散文》2000年第5期。
《读画二札》(散文),《散文》2000年第11期。
《铁轮车·独轮车》(散文),《散文》2000年第11期。

2001 年

《石头记》(散文),《福建文学》2001 年第 1 期。

《有关文学的答问》(访谈),《新闻爱好者》2001 年第 1 期。

《江淮岭上说文章》(散文),《人民日报》2001 年 2 月 3 日。

《金银·铜器·铁器·瓷器·陶器——乡关回望》(散文),《黄河文艺》2001 年第 3 期。

《石磨》(散文),《散文百家》2001 年第 4 期。

《场与石磙》(散文),《新闻爱好者》2001 年第 5 期。

《读〈农政全书〉》(散文),《人民文学》2001 年第 9 期。

2002 年

《写出绝不同于他人的自己》(散文),《新闻爱好者》2002 年第 1 期。

《常忆当年夜读时》(散文),《师道》2002 年第 2 期。

《龙潭沟瀑布群》(散文),《大河报》2002 年 3 月 21 日。

《梦中的田野》(散文),《东京文学》2002 年第 4 期。

《梦中的西河》(散文),《牡丹》2002 年第 5 期。

《历史的乡野》(散文),《散文选刊》2002 年第 8 期。

《荒滩——梦中的童年之一》(散文),《散文百家》2002 年第 10 期。

《小说二月河》(散文),《大河报》2002 年 10 月 31 日。

《龙潭沟石头记》(散文),《中华散文》2002 年第 11 期。

《执著于乡村的倾诉——读蒋建伟的散文》(散文),《散文选刊》2002 年第 12 期。

《桥的呼唤》(散文集),贵州教育出版社,2002 年。

2003 年

《炒黄豆》(散文),《散文》2003 年第 2 期。

《骡马、牛驴及其他》(散文),《天涯》2003 年第 2 期。

《我做过教师》(散文),《小学青年教师》2003 年第 3 期。

《知己》(散文),《纪检与监察》2003 年第 4 期。

《树之死》(散文),《中华散文》2003 年第 5 期。

《〈大学人文沙龙〉序》(散文),《新闻爱好者》2003 年第 8 期。

《烟雨少林寺》(散文),《海燕》2003 年第 8 期

《抚摸张宇》(散文),《大河报》2003 年 9 月 9 日。

《感觉周涛》(散文),《大河报》2003年9月16日。

《抱愧苇岸》(散文),《大河报》2003年9月23日。

2004年

《鹅鹅鹅》(散文),《散文》2004年第1期。

《在河南文学院讲散文》(讲稿),《新闻爱好者》2004年第1期。

《在河南文学院讲散文(续)》(讲稿),《新闻爱好者》2004年第3期。

《归田赋》(散文),《都市美文》2004年第4期。

《驴上日记》(散文),《出版参考:新阅读》2004年第8期,《散文选刊》2004年第9期。

《忆在西安吃羊肉泡》(散文),《海燕(都市美文)》2004年第9期。

《我的自白(外一篇)》(散文),《散文百家》2004年第19期。

2005年

《姻缘》(散文),《南方民俗》2005年第1期。

《8月21日》(散文),《中华散文》2005年第2期。

《日子》(散文),《南方民俗》2005年第2期。

《留一份农耕文明标本》(散文),《城乡建设》2005年第3期。

《那些天,吃饭不要钱……》(散文),《躬耕》2005年第5期。

《关于税的断想》(散文),《中国税务》2005年第6期。

《记下足迹 记下心迹——答〈中国百位作家教授谈日记〉编者问》(答问),《躬耕》2005年第7期。

《深山别墅记》(散文),《中华散文》2005年第10期。

《岁月深处的豆类》(散文),《散文百家》2005年第14期。

2006年

《还乡杂碎》(散文),《山西文学》2006年第1期。

《再演一出滑稽戏》(散文),《山西文学》2006年1期。

《散文:扫炕》(散文),《南方民俗》2006年第1期。

《散文:老槐》(散文),《南方民俗》2006年第2期。

《洋荤》(散文),《南方民俗》2006年第4期。

《他人的书简和我的书简》(散文),《海燕(都市美文)》2006年第6期。

2007 年

《序文六篇》(散文),《新闻爱好者》2007 年第 1 期。
《酒的闲话》(散文),《南方民俗》2007 年第 1 期。
《让文化支撑性感》(散文),《人之初》2007 年第 1 期。
《高台曲》(散文),《南方民俗》2007 年第 2 期。
《旱船与高跷》(散文),《南方民俗》2007 年第 3 期。
《十月十六日下乡记》(散文),《海燕》2007 年第 3 期。
《11 月 6 日》(散文),《散文百家》2007 年第 4 期。
《梦回坐禅谷》(散文),《散文选刊》2007 年第 4 期。
《天籁》(散文),《意林》2007 年第 4 期。
《七日之记》(散文),《芒种》2007 年第 5 期。
《那年,那次高考》(散文),《山西文学》2007 年第 5 期。
《落花》(散文),《躬耕》2007 年第 7 期。
《作家的画》(散文),《青岛文学》2007 年第 7 期。
《父亲的春天》(散文),《散文》2007 年第 8 期。
《新石器时代》(散文),《海燕(都市美文)》2007 年第 9 期。
《没有故乡便没有文学——序金少庚散文集〈消失的河流〉》(散文),《新闻爱好者》2007 年第 9 期。
《兔子》(散文),《小小说选刊》2007 年第 24 期。
《放不下的牵挂》(散文),《文艺报(周二版)》2007 年第 31 期。

2008 年

《绿荫日记》(散文),《散文百家》2008 年第 1 期。
《寻访白河源》(散文),《躬耕》2008 年第 1 期
《荒唐梦》(散文),《牡丹》2008 年第 3 期。
《荆紫关访古》(散文),《文史知识》2008 年第 5 期。
《圆了作家梦》(散文),《党的生活(河南)》2008 年第 9 期。
《窗口》(散文),《中学语文园地(高中版)》2008 年第 10 期。

2009 年

《陶》(散文),《海燕》2009 年第 5 期。
《六十年,片片断断(上)》(散文),《海燕》2009 年 10 月 1 日。
《六十年,片片断断(下)》(散文),《海燕》2009 年 11 月 1 日。

《〈乡关回望〉自序》(散文),《散文选刊》2009年第11期。
《乡关回望——中原农耕笔记》(散文集),百花文艺出版社,2009年。

2010年

《真不该忘了他们》(散文),《散文百家》2010年第1期。
《序文九篇》(散文),《躬耕》2010年第2期。
《饥饿中的事》(散文),《学习之友》2010年第3期。
《丹青二月河》(散文),《青岛文学》2010年第7期。
《许广平给我的一封信》(散文),《中国文化报》2010年8月1日。

2011年

《瓜棚读书》(散文),《南阳日报》2011年9月9日。
《"文化闲人":关乎文化大繁荣大发展》(散文),《南阳晚报》2011年11月23日。
《豆斋别集一　豆斋书简》(散文集),三秦出版社,2011年。
《豆斋别集二　豆斋曲词》(散文集),三秦出版社,2011年。
《豆斋别集三　豆斋游记》(散文集),三秦出版社,2011年。
《豆斋别集四　豆斋序跋》(散文集),三秦出版社,2011年。

2012年

《失去的独山玉》(散文),《散文百家》2012年1期。
《一个人的编年史》(散文),《天涯》2012年第1期。
《一片腊梅叶:凭吊冯友兰故居》(散文),《散文选刊》2012年第3期。
《瓦之念》(散文),《芒种》2012年第5期。
《乔典运的意义》(散文),《东京文学》2012年第8期。
《驴之春秋》(散文),《文苑(经典美文)》2012年第11期。
《岁月深处的豌豆》(散文),《语文教学与研究》2012年第24期。

2013年

《周同宾散文两题》(散文),《躬耕》2013年第1期。
《1973年的一次下乡》(散文),《散文百家》2013年第2期。
《岁月深处的牡丹》(散文),《中华活页文选(高二、高三年级)》2013年第3期。
《那些年,那些事》(散文),《红豆》2013年第7期。

《奶奶纪略(外一篇)》(散文),《躬耕》2013年第7期。
《奶奶纪略》(散文),《东京文学》2013年第8期。
《南阳诸葛庐》(散文),《党的生活》2013年第10期。
《久违的星星》(散文),《青岛文学》2013年第7期,《芒种》2013年第17期。
《乡情(节选)》(散文),《快乐作文》2013年第32期。

2014年

《奶奶本纪》(散文),《散文百家》2014年第8期。

《挥洒自如笔相随　梦中山水落丹青》(散文),《企业家日报》2014年9月18日。

《赊店是一部大书:〈厚重赊店〉序》(散文),《党的生活(河南)》2014年第13期。

2015年

《锦绣中原哪里去　饮水思源游南阳——舟行丹江古今情》(论文),《旅游》2015年第4期。

《叩问童心(序)》(散文),《焦作日报》2015年9月30日。

# 研究资料索引

周同宾研究资料索引

报纸期刊文章

阎豫昌:《时代需要散文——一九八三年河南散文创作回顾》,《信阳师范学院(哲学社会科学版)》1984年第2期。

袁基亮:《关于"口述实录文学"的思考》,《当代文坛》1985年第12期。

曹家治:《九三年,散文出征》,《当代文坛》1994年第2期。

崔伟:《崛起中的南阳乡土作家群》,《瞭望》1994年第41期。

孙荪:《故乡的诱惑——对南阳文学星空的散点透视》,《莽原》1995年第4期。

周熠文:《周同宾其人其文》,《语文世界》1996年第8期。

张书恒:《渴望超越——对南阳作家创作的当代性思考》,《南都学坛》1997年第1期。

张书恒、张德礼:《论"南阳作家群"的成因及其文化特征》,《南都学坛》1997第5期。

徐朝炎:《宁静致远——记民革党员、首届鲁迅文学奖获得者周同宾》,《中州统战》1998年第9期。

袁勇麟:《反思与变革——'98散文一瞥》,《文艺评论》1999年第3期。

丁全:《南阳作家语言浅论》,《南都学坛》1999年第4期。

孙春旻:《当代纪实文学的叙事策略》,《华北水利水电学院学报(社会科学版)》2000年第1期。

孙春旻:《口述实录文学的文体特征》,《郑州大学学报(社会科学版)》2000年第3期。

陈继会、徐亚东:《乡土与心灵的守望:周同宾创作论》,《中州学刊》2000年第4期。

孙春旻:《文学和他的异己者——当代纪实文学的文体演进》,《周口师范高等专科学校学报》2000年第6期。

许兆真:《语言简洁凝练 感情真挚深沉——周同宾散文〈吾土〉赏析》,《写作》2000年第11期。

孙春旻:《论纪实文学审美意象的建构》,《广播电视大学学报(哲学社会科学版)》2001年第1期。

张月萍:《试论〈皇天后土〉的叙事技巧及艺术品格》,《平顶山师专学报》2001年第3期。

王剑冰:《散文好收成》,《文艺报》2001年8月25日。

王开志:《新时期散文热寻根》,《乐山师范学院学报》2001年第5期。

王剑冰:《2001年散文创作随想》,《人民日报》2001年12月30日。

孙荪:《文学豫军论》,《河南大学学报(社会科学版)》2002年第4期。

孙荪:《文学豫军论(续)》,《河南大学学报(社会科学版)》2002年第5期。

孙春旻:《既雕既琢 复归于朴——当代纪实文学概论》,《郑州轻工业学院学报(社会科学版)》2003年第1期。

黄翠兰:《21世纪初散文中的母亲形象类型化的管窥》,《中山大学学报论丛》2003年第4期。

侯铁平:《探析周同宾〈天籁〉的文学意蕴》,《张家口师范专科学校学报》,2003年第4期。

李展、樊艳平:《说不完的皇天后土,道不尽的宛乡风情——论周同宾〈皇天后土——99个农民说人生〉的乡土色彩》,《郑州铁路职业技术学院学报》2003年第4期。

李少咏:《为大地母亲塑像——周同宾散文美学初论》,《牡丹》2003年第5期。

万年春:《论南阳文学可持续发展的内在资源》,《南阳师范学院学报(社会科学版)》2003年第10期。

李志华:《乡土恋歌——周同宾散文集〈情歌·挽歌〉论》,《湖北教育学院学报》2004年第6期。

王志尧:《新撷宛珠夺目明——评〈南阳曲艺作品全集〉》,《中国文化报》2004年11月15日。

王劲松:《唱给故土乡亲的恋歌——论周同宾的故乡散文创作》,《包头职业技术学院学报》2005年第2期。

张书晋:《质朴美——周同宾散文的特色》,《河南工业大学学报(社会科学版)》2005年第2期。

孙晓磊:《散文创作漫谈》,《躬耕》2005年第3期。

王劲松:《题材上的贡献 形式上的创新——读周同宾的〈皇天后土〉》,《名作欣赏》2005年第8期。

王劲松:《"闲适"中的忧患意识——论周同宾的"闲适"散文》,《名作欣赏》

2005年第16期。

王志尧:《警惕:搀假的纪实作品悄然侵蚀出版圣地——以〈那些天,吃饭不要钱〉和〈苏叔阳回乡〉为例》,《无锡商业职业技术学院学报》2006年第2期。

莫宇芬:《闲适中的当下关怀——论周同宾的"闲适"散文》,《湖南工业职业技术学院学报》2006年第2期。

齐晓坤:《口述实录:该走向哪里》,《文教资料》2007年第34期。

李春阳:《论〈皇天后土〉中农民形象主题人格的建构》,《南阳师范学院学报》2008年第4期。

赵国峰:《一个著名作家和一个作家群的形成》,《郑州日报》2008年9月5日。

李少咏:《周同宾散文美学初论》,《作家》2008年第20期。

刘玉:《周同宾散文艺术特色探析》,《赤峰学院学报(汉文哲学社会科学版)》2008年第12期。

孙荪、何弘:《新时期　新经验　新期待——改革开放30年的河南文艺总述》,《中州大学学报》2009年第1期。

何弘:《重铸辉煌:改革开放30年的河南文学》,《中州大学学报》2009年第1期。

王庆杰:《浅论周同宾乡土散文的坚守与突围》,《长城》2009年第2期。

刘书营:《执著与超越——论周同宾散文创作的现代性》,《南阳理工学院学报》2009年第2期。

李展:《周同宾散文创作之反思》,《郑州铁路职业技术学院学报》2009年第3期。

古耜:《直面现代生存的精神困惑——近年来散文创作的一种价值取向》,《青年文学》2010年第4期。

陈淑娅:《从中原曲词文学透视中原婚俗的嬗变》,《太原城市职业技术学院学报》2010年第5期。

何弘、孙荪:《坚守与突破》,《河南日报》2010年11月22日。

黄国华:《两访周同宾》,《躬耕》2011年第9期。

周若愚:《入木三分骂亦精——为南阳作家群自我批判叫好》,《南阳日报》2011年12月23日。

何弘:《贴近乡土　沉稳大气——中原作家群创作风格综述》,《光明日报》2012年3月20日。

刘书营:《评述乡土作家周同宾的散文成就》,《芒种》2012年第24期。

王俊虎、董蕾:《新时期以来乡土散文研究撷谈》,《文艺评论》2013年第

3 期。

相关博士、硕士学位论文

李丹梦:《"文学豫军"的主体精神图像——关于农民叙事伦理学的探讨》,复旦大学博士学位论文,2006 年。

吴娜:《艰难的蜕变 涅槃的新生——20 世纪 80 年代中国散文转型研究》,南京师范大学硕士学位论文,2006 年。

彭配军:《鲁迅文学奖散文杂文获奖作品研究》,苏州大学硕士学位论文,2007 年。

余树财:《寻求精神的家园——论新时期乡土散文的审美建构》,华中师范大学硕士学位论文,2008 年。

刘玉:《文章学视野下的周同宾散文》,河南大学硕士学位论文,2009 年。

桂书方:《新世纪河南作家底层写作探析》,海南大学硕士学位论文,2011 年。

李阳:《文化地理学视角下的当代南阳作家群研究》,河南大学硕士学位论文,2012 年。

隋小毅:《周同宾散文研究——以〈皇天后土〉为中心的考察》,西南大学硕士学位论文,2013 年。

杨世茂:《身份与表达——论九十年代以来"农裔作家"的乡土散文》,福建师范大学硕士学位论文,2014 年。

胡岗:《新世纪"三农"小说的主题研究》,海南大学硕士学位论文,2014 年。

相关论著

王尧:《乡关何处——20 世纪中国散文的文化精神》,东方出版社,1996 年。
白万献、张书恒:《南阳当代作家评论》,河南大学出版社,1996 年。
王敏、郭新和:《新时期河南作家研究》,河南大学出版社,1997 年。
李晓虹:《中国当代散文审美建构》,海天出版社,1997 年。
陈继会:《文学的星群——南阳作家群》,河南文艺出版社,1999 年。
徐治平:《中国当代散文史》,中国文联出版社,2001 年。
张振金:《中国当代散文史》,人民文学出版社,2003 年。
曾绍义:《中国散文百家谈》,四川大学出版社,2009 年。

后　记

　　第一次知道周同宾这个名字,是在电视上。大概是 20 世纪末,在中央电视台的一个栏目"读书时间"上,周同宾作为嘉宾接受主持人刘瑜的访谈,访谈的主要内容是关于周同宾刚刚获得首届鲁迅文学奖的散文集《皇天后土》。我之所以对这一幕记忆深刻,是因为"读书时间"的主持人刘瑜在此之前或之后,在河南大学大礼堂作过一个讲座,讲座内容很丰富,也谈到了散文,印象最深的好像是讲朱自清的散文矫揉造作。他评价不高,这对当时在台下听讲的我来说无疑经历一场震惊体验。后来读书多了,觉得刘瑜说的不是完全没有道理,朱自清先生《春》之类的散文,是其作为语文教育家写给中学生读的,意在激发少年的情思,同时在布局修辞方面给中学生以示范,从成人的眼光来看,是有些矫揉造作。可是朱先生的《背影》、《给亡妇》、《儿女》等文字,明显属于另一类,情真意切,感慨遥深,文字素朴却是真金美玉,是不能以矫揉造作视之的。刘瑜在讲座中提及没提及周同宾先生,我现在不大记得了。记得较为清楚的还是刘瑜访谈周同宾先生的情景:周先生端坐在那里,有问必答、字句清楚、一板一眼、有条有理,虽谈不上活泼,却也说不上古板,没有表现欲,但也不乏味。这番情景我今年 4 月到南阳访问周同宾先生时再次遇到,不禁感慨先生对自我本色的保持。

　　现在想来,在电视上看到周同宾先生之前,喜爱散文的我一定是读过他的作品的,可能只是对名字未曾留心而已。在北大读研究生时,于书店里看到周先生新出的《古典的原野》,翻着读了两篇,竟不忍释卷,索性买了下来。之后,有意搜求先生的文章来读,获得的都是丰美的阅读体验。也曾作为热心读者寄信给先生求教,没有回音,今年见周先生时,他说没收到,这自然是常发生的事情。我在读研究生时就发愿,一定要为自己尊敬的周先生做些事情,至少写篇认真的评论文字。现在,借"中原作家群研究资料"编撰之机,终于可以正式地实现我的愿望了。

　　周同宾先生是散文大家,可是他的散文很少被作为"名家散文"来对待。可能是因为他是专力写作散文并以此成为名家的,和一些人先成为名人再写"名家散文"迥然相异。在文坛,写散文的人不易引起关注,散文的评论由于缺乏理论的支援也显得零碎薄弱,这些都影响到周同宾先生的名望。好在周先生素来看淡这些,胸中自有为文的风骨和信念。因而,这册《周同宾研究》,虽然薄了些,却足见周先生的风神,希望读者能够重视。

  此书由我和我指导的研究生梁玉洁合作编撰完成,也是我所主持的国家社科基金青年项目、河南省高校科技创新人才项目、河南省高校社科优秀学者项目、河南省青年骨干教师项目的阶段性成果。不足之处,希望读者朋友们批评指教。

吕东亮

2016 年 6 月